ArmoníaF

Expandiendo Riqueza Consciente

Armonía Financiera

CÓMO DISFRUTAR TU EXPERIENCIA MATERIAL SIN
DESCUIDAR **TU** ESENCIA ESPIRITUAL

Joselyn Quintero

Ediciones ArmoníaF
Brujas, Bélgica

Dedicado a los que tienen poco y se sienten suficientes, porque solo ellos sienten la abundancia.

CONTENIDO   Pág.

Joselyn Quintero
tecuidamos@armoniaf.com
www.armoniaf.com

Edición ©2019 Analía Balmelli
Diseño Portada ©2019 Joselyn Quintero
Maquetación ©2019 TM Logiciel
Diseño Interior ©2013 BookDesignTemplates.com

Información para pedidos al mayor y conferencias:

Existen descuentos al mayor y paquetes especiales para corporaciones, asociaciones y otros. Para obtener más información, póngase en con-tacto con la autora a la dirección anteriormente indicada.

Armonía Financiera/ Joselyn Quintero. —1ra edición

ISBN 10: 1642044237
ISBN 13: 978-1-64204-423-2

"En lugar de tomar decisiones en términos de dinero, tomémoslas en términos de vida".

- DAN ARIELY Y JEFF KREISLER

La Psicosis Colectiva del Dinero

Vivimos en un mundo donde el dinero dejó de ser un medio de intercambio, para ser el objeto de cualquier sueño que tengamos. Millones de personas hacen cada día cualquier cosa por dinero y quienes eligen hacer algo por amor, se les trata como tontos, románticos o una reencarnación de la Madre Teresa de Calcuta.

En el año 2013 asistí a un entrenamiento en una sala llena de personas, cerca de casa. Antes de ir, me aseguré de tener referencias de la persona y del contenido que iba a recibir. Me dijeron que era el gran gurú del dinero.

Buscando aprender más allá de mi formación profesional, y creyéndome la historia de ser una latina subdesarrollada en un mundo altamente civilizado, llegué justo al lugar donde la clase media aprendía los secretos para ser millonaria. Viniendo de una familia de muy escasos recursos, esto era como un salto cuántico social.

Desde niña siempre he invertido en aquello que me lleve al siguiente nivel, tanto hacia arriba como hacia adentro: un curso de inglés, una carrera universitaria, un postgrado en finanzas, una certificación como asesora financiera para multinacionales, una formación en astrología, otra en tarot e incluso una en sexualidad sagrada.

Como buena escorpiana, revelar secretos me apasiona. Esto me permite ver aquello que no es visible a los ojos, y sentir por encima de lo que escucho. Por eso me dedico a una de las energías más potentes, inconscientes y mal utilizadas de la civilización humana: el dinero.

Todos crecimos con alguna disfuncionalidad que se reflejaba en el dinero, por eso creemos que tener más resolverá cualquier problema que tengamos.

El dinero es como un nutriente que, siendo neutro, actúa diferente con la química de cada organismo (pero que en exceso enferma). A su vez, el dinero es como el oxígeno, que fluye fácil hacia quien lo sabe inhalar y transformar (en su justa medida). Al final, el dinero es como el agua, que da vida porque circula (siempre que vaya por su cauce natural).

El dinero es una tecnología más antigua que un teléfono inteligente, pero que aún no sabemos utilizarlo en sus funciones más básicas.

Volviendo a aquella sala llena de personas de clase media que creen resolver problemas a través del dinero, me doy cuenta que tener más no es el camino para estar mejor, y que mi condición social de origen nunca fue el motivo para sentirme menos. Ahí me enteré de que todos tenemos alguna historia de pobreza, una carencia por resolver y un profundo sentido de desvalorización.

Creemos que solo faltan ver seis ceros más a la derecha en nuestra cuenta bancaria para disfrutar aquello que no se tuvo, experimentar aquello que no se vivió, o recuperar el amor y la admiración de esa persona que hoy nos ignora. En fin:

Queremos Dinero para Sanarnos

De aquella experiencia con el gurú millonario aprendí no solo lo que él enseñaba, sino lo que nunca enseñaría. Con el tiempo me di cuenta que muchos invirtieron y muy pocos hicieron algo con eso que aprendieron. En lo humano, la fórmula no garantiza el resultado. Esto ya lo había visto en mi formación como financiera, pero ahora lo estaba reviviendo con gente que quería ser millonaria.

Comprendí que la mente, por sí sola, no te lleva donde quieres, por mucho que la programes, porque la mente solo sabe sobrevivir, huir y atacar. Entendí que yo tenía que estar en el lugar incorrecto, para poder ver con claridad cuál era mi contribución al mundo. Supe que estaba lista para la labor que se me encomendaba en esta existencia. Descubrí que el asunto no está en lo que falta, sino en el saco roto de las necesidades ilimitadas basado en lo que la TV y las redes sociales muestran.

Mi trabajo es volver a colocar al dinero en su santo lugar, enseñar que, al darlo sin lástima y recibirlo sin culpa, cualquiera puede vivir en armonía con lo que tiene para llegar a donde quiere, sea poco o sea mucho.

No trabajo con gente que anda persiguiendo dinero añorando una libertad que cree que le falta, ni tampoco con aquellos que dicen que hay que tener mucho para dejar de depender del dinero. Tampoco trabajo con quienes se asumen esclavos del sistema y buscan esclavizar al dinero, porque pasar de víctima a verdugo es ir a la otra acera de la misma calle del resentimiento. No trabajo con gente que quiera escapar de su trabajo ni que reniegue de la educación que sus padres pudieron pagarle.

Pero sí estoy para acompañar a quienes están dispuestos a soltar el papel de víctimas sacrificadas y quienes quieren empezar a ver el dinero como una bendición. Para quienes quieren ver el dinero como el amigo que siempre está presente y como el medio que Dios nos permitió crear para obtener lo que necesitamos, mientras cumplimos nuestra misión en la tierra. Estoy para ayudar a quienes hacen el trabajo amoroso, aquellos que sueñan dedicarse de por vida a ayudar al prójimo, de forma ética, amorosa y responsable. Estoy en servicio a quienes eligen vivir con tranquilidad interior, que no se comparan con otros y que solo sueñan con expandir su riqueza consciente.

Vine a ayudar a las personas conectadas con su alma, a relacionarse mental, emocional y espiritualmente con el dinero...

Sobre todo espiritualmente.

Este libro puede resultar revelador para los simplistas, pero controversial para los escépticos. No es para todos, pero sí para muchos que ven la psicosis colectiva alrededor del dinero y se han preguntado si habrá una forma de relacionarse con esta energía, sin verse forzados a negociar sus valores fundamentales o ser humillados socialmente por elegir la paz antes que la ostentación.

¿Qué Te Llevas en este Libro?

Estructurar todo el trabajo investigativo y experiencial es una tarea compleja, pero aquí vamos:

Este libro está estructurado en 7 capítulos, que va desde lo más simple hasta lo más complejo.

En el primer capítulo, estaremos desmontando el mito de la libertad financiera. Allí te contaré de donde proviene ese término, porqué esto suena tan tentador para muchos y cuál es la trampa detrás de lo que la tierra prometida de la libertad.

En el segundo capítulo hablaremos acerca de la riqueza como identidad del ser. Allí sabrás cuál es el peligro de confundir identidad con situación, cómo ha cambiado el concepto de riqueza a través de la evolución humana y cuáles son los valores que realmente definen esa sensación que deseamos para nuestra vida.

En el tercer capítulo conocerás nuestra relación con lo material del sustento a la acumulación. Sin intentar ser una clase magistral pero si nuestra historia, allí conocerás la evolución de esa ciencia llamada economía, sus orígenes en la visión de la antigua Grecia, pasando por las diferentes etapas de la historia, sus desviaciones producto de la avaricia y como regresamos de nuevo al origen, en un viaje de 360 grados de lo humano con lo material.

En el cuarto capítulo aprenderás acerca de lo que es una vida en riqueza consciente. Aquí te ayudaré a desmontar la falsa identidad de pobreza o desventaja que te limita, a separar tu esencia de riqueza de algo tan efímero como lo es el dinero, y saber que dentro de ti existen 3 niveles de poder que te llevan a decidir con un esquema de riqueza asociado.

En el quinto capítulo profundizaremos en el reto de la armonía financiera, entre lo interno y lo externo. Aquí finalmente entenderás cuál es la diferencia entre abundancia, prosperidad y finanzas, tres elementos erróneamente asociados al dinero, lo que lleva que tanto tú como la gran mayoría de las personas vivan lo material caóticamente, e inocentemente esperanzados.

En el sexto capítulo nos vamos a la reflexión alrededor de los números que definen tu vida en armonía financiera. Aquí conocerás porqué los presupuestos tradicionales fallan, a pesar de parecer tan simples en ejecutarlo. Además te llevarás todo un esquema para estructurar los desembolsos en tu vida de acuerdo con la forma como funciona tu cerebro, de manera que no tengas que vivir "recordando" hacer los números. Se trata de decidir desde la paz, y en este capítulo te contaré como hacerlo.

Finalmente, en el séptimo capítulo estarás recibiendo lo que una de mis alumnas llamó "la génesis del crecimiento personal" y que lo denominamos las 12 leyes de la riqueza consciente. En esta sección recibirás una docena de aspectos que debes tomar en cuenta para crear un estilo de vida con identidad de riqueza, orden en tus recursos y paz en tu alma.

¿De dónde nace Armonía Financiera?

Todo lo que aquí expongo es la filosofía y metodología de la Armonía Financiera, que me ha tomado 30 años de vivencias, 20 años de formación y 5 años de investigación no convencional en el tema del dinero. Aquí encontrarás explicaciones científicas y experienciales que nadie te había contado antes, ni siquiera los grandes gurúes del dinero.

Armonía Financiera es un puente que conecta la mente con el alma, la lógica con la intuición y la abundancia desde una vida simple. No está diseñada para que ganes más, pero sí para que necesites menos en el camino de la felicidad. Es una metodología paradójica para quienes deseen vivir su experiencia material a plenitud.

De aquí saldrás con 3 cifras claves, 12 leyes y una nueva relación con el dinero para que tú tomes decisiones congruentes cada día.

Aclaro que aprender no es enseñar y que esto no es un manual para acompañar a otros, ya que es solo información que cada quien aplicará y transformará según su caso personal.

Cada persona es una complejidad en sí misma y requerirá de alguien especializado para acompañarlo. Si elegiste leer este libro, es porque el trabajo es contigo, no con el otro. Si vas a recomendarlo, asegúrate de haberlo aplicado en ti mismo primero, y luego habla desde tus resultados.

Seamos parte de la congruencia, la ética y la humildad que el mundo necesita, un mundo donde el deseo de entregar valor supere a la necesidad de obtener dinero.

Es hora de entrar en materia. En la próxima sección voy a explicarte por qué la libertad financiera es un mito, y te voy a compartir algunos argumentos que invalidan esta filosofía, que ha sido de gran utilidad para los negocios multinivel, para los vendedores de sueños y para muchos educadores financieros a nivel mundial.

CAPÍTULO 1

El Mito de la Libertad Financiera

La palabra libertad, según la Real Academia Española, tiene 12 definiciones y 20 posibles combinaciones, entre las cuales no aparece la libertad financiera[1]. Pero es que este concepto no proviene de la academia, sino de un emprendedor de bienes raíces que quiso crear un imperio a partir de un libro de ciencia ficción financiera, coescrito con una contadora.

En el año 1997 Sharon Lechter, contadora de profesión, inversionista y especialista en educación financiera, co-escribió el libro "Padre Rico Padre Pobre" junto con Robert Kiyosaki, emprendedor e inversionista de bienes raíces. Este libro tenía como propósito desmitificar el concepto de activo a nivel contable y enfocarlo hacia la manera como estos activos generaba flujo de caja.

Todo el concepto de este libro mítico (porque aún nadie sabe el nombre del padre rico) hablaba de un concepto que hasta ese momento se desconocía: La Libertad Financiera. Eso

---

1 http://dle.rae.es/?id=NEeAr5C

que se denominaba libertad consiste en la creación de sistemas de ingresos no lineales, algo que hasta ese momento no era tan obvio para la clase media y baja americana, que siempre ha generado ingresos por hora de trabajo.

Teniendo este libro algunos conceptos novedosos y tocando genialmente los puntos de dolor de la clase media y baja de aquel momento, el éxito de ventas de este libro se debió a dos situaciones puntuales:

1. Una entrevista con Oprah Winfrey: En el año 1997 Kiyosaki fue invitado a una entrevista en el programa de Oprah[2], donde este aseguraba haberse retirado rico gracias a los consejos del padre de su amigo, quien le recomendaba hacer todo lo contrario de lo que su padre, educado y asalariado, hacía. A la fecha, Oprah no lo ha invitado a ninguna otra entrevista, a pesar del éxito que esta entrevista tuvo.

2. Una sociedad con Dexter Yager, creador de Amway: Yager quien le ingresa su libro como lectura recomendada (y a él como el "gurú" a seguir), a cambio de que este escriba más libros apoyando el negocio multinivel. De esta manera, publica posteriormente libros como El Negocio del Siglo XXI, que sirven como avales para sumar personas al negocio, con la promesa de educarse para la libertad financiera.

El resto es historia. Luego de una década de libros, éxitos y reconocimientos, Sharon Lechter demanda a los Kiyosaki por incumplimiento de acuerdos y apropiación indebida de las

---

2 https://youtu.be/iY_OgRhYH7Q

ganancias del negocio que construyeron juntos[3]. Pero lo que no sabíamos era que Sharon Lechter, en calidad de coautora, era quien escribía los libros para los Kiyosaki (cuyo nombre ya no aparece en las ediciones recientes).

Luego de esa demanda, junto con la de su socio educativo The Learning Annex, Robert Kiyosaki declaró la quiebra del negocio que tenían en común, para no pagar las demandas y creó una firma aparte[4].

Pero más allá de toda la historia de cómo se creó este imperio, está la pregunta base:

¿Existe la Libertad Financiera?

La libertad financiera es el deseo de generar ingresos sin comprometer el tiempo. Incluso hay quienes aseguran que es "ganar dinero mientras duermes" (bien creativos los amateurs del marketing). Es un canto de sirenas perfecto para quienes quieren soltar su empleo, donde cumplen un horario, por disponer de tiempo para tomarse un café con sus amigas o una cerveza con sus amigos a las 3 de la tarde, sin preocuparse por un jefe.

Por otro lado, está el que sencillamente quiere tener los ingresos que desee, sin esperar aumentos ni tener que discutir su valía con un departamento de recursos humanos. También podemos sumar el que nunca ha querido hacer una formación

---

3 http://archive.azcentral.com/businessarticles/2008/09/04/20080904b iz-richdad0904.html
4 https://www.forbes.com/sites/helaineolen/2012/10/10/rich-dad-poor-dad-bankrupt-dad/

académica y el que aún se define a sí mismo como un "esclavo del sistema".

En todos los casos, veo personas que quieren disfrutar los beneficios de ser empresarios, pero sin la responsabilidad que eso conlleva. Cuando hablas con una persona de negocios (quien paga empleados, paga impuestos, tiene clientes de verdad y una agenda de compromisos asociadas directamente con negocios de verdad), te das cuenta que ser empresario es otra cosa.

El que juega golf a las 3 de la tarde es alguien que se levantó a las 6 de la mañana a revisar los números de su negocio, que dedica al menos una hora diaria a revisar sus inversiones y que trabaja más que cualquiera. Es una persona que no necesita quien lo motive, porque tiene claro su compromiso. Es una persona cuyo lujo aparente no le cuesta ni siquiera el 5% de sus ingresos.

Personalmente conozco muchísimos vendedores de libertad financiera con diversas envolturas. El más común es el que me quiere vender un producto como café, guaraná o vitaminas, pero que luego me dice que la ganancia está en que yo también venda, no en que le compre.

También está el que me vende una conferencia para convencerme de que mi vida simple no es el ideal de mi potencial y que necesito dejar de ser quien soy para ser feliz. Otro muy común es aquel que, poniendo de fondo un Ferrari, me dice que internet es el nuevo estilo de vida y que si me uno a su sistema, la computadora me va a escupir dólares por doquier.

Más atrás de estos, están los que compran el sueño, venden el producto de puerta en puerta, se levantan a subir frases motivacionales en las redes sociales o te invitan a un Skype para contarte de una oportunidad de negocios. Todos ellos, aunque muestren tiempo libre, están trabajando. Igual que cuando eran empleados, pero sin los beneficios ni la seguridad que antes tenían.

Se van a dormir preocupados, con las mismas cuentas que pagar (o con más que antes), pero con la certeza de que hay algo en su "mentalidad" que no está funcionando. Antes el látigo se los daba un jefe, pero ahora se lo dan a sí mismos, al verse de últimos en las estadísticas de ventas del "negocio del siglo".

Para mí, la palabra Libertad es un derecho que tengo, desde que nací y aunque no haga nada. Siempre he sido libre, a pesar de haber nacido y crecido en el segundo barrio más pobre de Caracas, en Venezuela. Desde que tengo 16 años he trabajado donde quiero, me he levantado de las sillas durante las entrevistas de trabajo que no satisfacen mis expectativas y negocio mis sueldos basados en lo que ofrezco a la empresa.

Dice Chögyam Trungpa[5] en su libro El Mito de la Libertad, que el ser humano vive en búsqueda del placer sin hacer el trabajo de profundizar en aquello que realmente lo tiene preso: los miedos, frustraciones, decepciones, e irritaciones. Vivimos detrás de una tierra prometida que no hace más que aumentar el sufrimiento del cual queremos huir.

La Libertad Financiera suena seductor porque ataca un

---

5 Trungpa, Chögyam. El Mito de la Libertad. Editorial Kairós, 1997.

síntoma que es visible - la falta de dinero - o una necesidad creada - la vida que no tengo. El tema está en que, para cumplir con las leyes americanas de no prometer cantidades de dinero, entonces te venden la posibilidad de tener más tiempo (aunque sabes que lo compras por el dinero que mostrarías a los demás, no por el tiempo que quisieras tener).

Pienso que el gran aporte que hizo Kiyosaki con su concepto de Libertad Financiera, fue crear una tierra prometida para los emprendedores, poner un nombre atractivo al deseo de ser autoempleado[6] y crear una necesidad ante un sistema que estaba llegando a su madurez.

Nada mejor para el mundo corporativo, que la gente se vaya por sus propios pies. Nada mejor para el negocio multinivel, que la gente se presione a sí misma para vender cada vez más. Nada mejor para el sistema, que la gente se encargue de su propia seguridad social.

Para mí, la libertad financiera aplica a un tipo de persona muy específica, que son aquellos que les gusta competir, compararse, valorarse por lo que tienen y pertenecer a manadas de lobos. Es un sistema genial para quien el fin justifica los medios.

Yo le agradezco a Kiyosaki su contribución, porque todo lo nuevo siempre suma. Pero entre lo que veo y lo que siento, me quedo con la sensación vivida al haberlo conocido de frente, verlo tratando de vender un programa de emprendimiento en un evento íntimo de 100 personas en Europa, y utilizando como herramienta emocional la venida de una nueva guerra y una

---

6 https://es.wikipedia.org/wiki/Autoempleo

nueva hambruna para Europa (programa que nadie compró). A pesar de confesar que vive con sistema de vigilancia, circuito cerrado y vehículos blindados, lo que menos sentí, fue a un ser que viva con paz y tranquilidad.

Y siento que es la misma falta de paz con la que viven muchos hoy día, a pesar de que vayan en vehículos último modelo y luzcan trajes de diseñador. Es la misma falta de paz de quien se promueve como emprendedor exitoso y no tiene para pagar sus cuentas o que acumula deudas por donde quiera que va. No hay paz, porque aún siguen pensando que algo les falta.

Si el dinero que recibo no suma a mi tranquilidad, entonces no lo quiero. Si la actividad que estoy realizando hoy no me da alegría, entonces no la hago. Si estoy en un lugar donde no me siento valorada, entonces no estoy. Eso es ejercer la libertad y no tiene nada que ver con dinero.

A mi juicio, el problema no está en lo que falta, sino en la incapacidad para relacionarnos con lo que hay. Hay personas a quienes le sigue pareciendo poco ganarse diez mil dólares, pero también veo a quienes llegan lejos y duermen tranquilos con mil dólares mensuales. Esto no quiere decir que el segundo no vaya a crecer o a recibir más, pero definitivamente vive en paz con lo que tiene, mientras trabaja con amor por lo que quiere. Eso es vivir el dinero en armonía, se tenga poco o se tenga mucho.

Si has llegado hasta aquí, es porque algo de esto te ha resonado. Sabes que los medios no justifican el fin, y que es importante vivir más allá de lo que nuestra mente dicta. Sabes que hay otras capas más profundas que debemos explorar de nosotros mismos, así como lo decía Chögyam. En el siguiente capítulo estaremos trabajando a profundidad el concepto de riqueza, para desconectarlo de la volatilidad del dinero, y que podamos andar cada vez más ligeros, incluso si tenemos la cuenta en cero.

CAPÍTULO 2

La Riqueza como Identidad del Ser

Durante muchos años me he preguntado qué realmente significa ser rico, y si este concepto se ha mantenido estático a través del tiempo o si ha variado. Lo primero que vendrá a tu mente es que los ricos son los que tienen mucho dinero. Pero, en mi experiencia, esto dista mucho de ser cierto. Aquí te cuento cómo esto ha cambiado y descubrirás por qué siempre te has considerado del bando de los pobres.

Yo nací en un entorno con todas las condiciones materiales y emocionales para considerarme pobre. Durante toda mi niñez, mi mamá pasaba más de 12 horas en una máquina de coser para generar el dinero necesario que cubría solo educación y comida. No había gustos, ni fiestas de cumpleaños, ni muchos regalos bajo el árbol de navidad. Pero yo sabía que mi situación era transitoria, porque así me lo recordaba mi mamá: "Te doy lo que necesitas para que luego tú te des lo que gustes". Hoy día sé que una de las principales características de los ricos, es establecer prioridades con los recursos que disponen.

La mayoría de las personas confundimos la identidad con la condición, y nos creemos que somos lo que nos está pasando. Si sorpresivamente te ganas la lotería, y recibes millones, te considerarás a ti mismo como rico. Si en medio de la euforia te gastaste todo el dinero o lo perdiste en inversiones inconscientes, te considerarás pobre.

El problema detrás de esta confusión entre quién eres y la situación en la que te encuentras, te llevará por una cantidad de depresiones, preocupaciones y angustias innecesarias. Peor aún, una vez que te consideras pobre, esa sentencia terminas por convertirla en decisiones sucesivas que te llevan a reproducir más de lo mismo.

Ahora bien, imaginemos que hoy te quedas sin todos los millones que te habías ganado, y como sigues relacionando la identidad con la situación, entonces buscas forzarlo a como dé lugar. ¿Qué haces? Lo que he visto en muchas personas, es que entran en el peligroso juego de la apariencia, es decir, que llegan a endeudarse para ocultar su situación.

Lo que la mayoría de las personas que viven de la apariencia olvidan, es que el ser humano dispone de un poderoso sistema llamado intuición. La intuición es un "tercer ojo" que rastrea energía y lo compara con lo que ven sus ojos. De ahí se crea algo llamado congruencia, que es cuando lo que siento y lo que veo, están alineados. Eso se percibe a través de lo que conocemos como autenticidad, e incluso si vistes de última moda o de segunda mano, todos te sentimos cómoda y tranquila con lo que usas. La riqueza es una energía que se emite y no un objeto que se muestra.

Pero, ¿Ha sido siempre así la riqueza, o es algo nuevo? Vamos a hacer un repaso por los conceptos de riqueza a través de la historia, y cómo redefinirlo a los tiempos actuales.

La Evolución de la Riqueza

A medida que evolucionamos, también lo va haciendo la forma como describimos el mundo. El asunto está en que, como las ideas no viajan con la misma velocidad en todas las culturas, muchos nos quedamos atrapados en paradigmas antiguos. Aquí vamos a conocer cómo la palabra riqueza ha evolucionado en su descripción.

La Riqueza en la Prehistoria

Cuando éramos nómadas y no teníamos un lugar fijo donde vivir, la garantía de vida estaba relacionada con la capacidad de protegernos de los ataques de los depredadores y nuestra fortaleza para cazar animales para comer. En ese momento, la riqueza estaba definida por la fortaleza corporal del ser humano, ya que esta era la garantía de que la tribu estuviese protegida y alimentada. Aún guardamos rastros de estos elementos de riqueza en nuestra mente inconsciente, sobre todo cuando le preguntamos a una mujer acerca de los atributos físicos de su hombre ideal.

Intuitivamente, las mujeres eligen hombres con fortaleza corporal, y los hombres eligen mujeres con capacidad física para la reproducción y disposición de cuidado. Incluso en parejas del mismo sexo, esta dualidad fortaleza-cuidado se sigue apreciando con claridad.

En la Prehistoria, la riqueza estaba asociada con ser fuerte para proveer alimento y seguridad.

La Riqueza en la Era Agrícola

Una vez que aprendimos que podíamos sembrar la tierra y disponer de nuestros propios alimentos, elegimos el asentamiento geográfico. En ese momento, la riqueza dejó de ser una identidad física, a convertirse en una posesión territorial cultivable.

No es lo mismo tener un terreno lleno de árboles frutales, que tener un terreno desértico. En lo más profundo de nuestra mente, sabíamos que la riqueza estaba asociada a la fertilidad de la tierra y su capacidad para sostenernos. Ya no es tan importante la fortaleza física, sino la capacidad de gestionar manos que trabajen la tierra.

En la era agraria, la riqueza estaba asociada con tener tierras y esclavos para cultivar alimentos.

La Riqueza en la Era Industrial

A partir del siglo XVIII comienza uno de los saltos productivos más rápidos en el ser humano, y está relacionado con la mecanización y creación de productos en serie. Esto se le conoció como la era industrial y marcó un antes y un después en la relación humana con el mundo tangible.

Ya no solo se trataba de tener alimentos, sino de disponer de otros elementos que hicieran la vida más cómoda. La riqueza ya salió de las tierras para pasar a la capacidad de transformar insumos en productos. Los ricos no eran los agricultores, sino los empresarios industriales como Henry Ford en automovilismo y Andrew Carnegie en la siderurgia.

En la era industrial, la riqueza estaba asociada con tener fábricas para transformar insumos en productos.

La Riqueza en la Era Informática

Luego de disponer de fortaleza, alimento y productos, seguimos evolucionando a una nueva dimensión, que fue la de ofrecer información de valor. Ya no se necesitaban obreros que trabajaran horas en una fábrica, sino que era posible lograr más en poco tiempo, si se sabían optimizar los recursos. Esto fue a partir del siglo XX y la riqueza se medía por lo que sabías.

Seguramente este es el esquema de riqueza en el que nacieron y crecieron tus padres o tus abuelos. Vieron con sus propios ojos la diferencia entre quien tenía un título universitario que demostrara su conocimiento, y quien no lo tenía. La educación superior era la meca de la riqueza, y mientras más títulos acumularas, más alto llegabas. Se decía abiertamente que "el poder está en el conocimiento".

En la era informática, la riqueza estaba asociada con saber para mandar en una gran empresa multinacional.

La Riqueza en la Era Digital

A finales del siglo XX sucedió algo que cambiaría el rumbo de la información aislada en computadores locales, para convertir la información en una red, tan mágica y eficiente como el cerebro. Es así como entra internet como el nuevo espacio productivo global, lo cual lleva al ser humano a replantearse la riqueza, y es aquí donde nos encontramos, en la era digital.

Aún recuerdo cuando en mis clases de la universidad se hablaba del teletrabajo como "el futuro del empleo". Yo imaginaba cómo sería ser productivo desde mi casa, sin tener que estar horas en el tráfico para llegar a una oficina. Esta es mi realidad hoy día, a excepción de un punto: debí crear mi propio empleo, pues las grandes corporaciones multinacionales aún siguen aferradas a la era de la informática.

La era digital abre el espacio ideal para retomar muchas condiciones que creíamos perdidas: la posibilidad de vacacionar y trabajar al mismo tiempo, la aventura de conocer diferentes culturas e idiomas, la velocidad de intercambios de forma virtual, y el sueño dorado de dedicarnos a algo que amemos apasionadamente.

Esto último ha permitido que, por primera vez, el ser humano deje de vivir en modo escasez para empezar a vivir en modo abundancia, algo que solo se puede percibir si dejamos de trabajar por dinero, y pasamos a vivir haciendo algo que disfrutemos.

Ahora te preguntarás ¿Cuál es el nuevo paradigma de la

riqueza para esta y las próximas generaciones? ¿Cómo orientar a mis hijos a vivir con riqueza si yo lo viví en otra época?

Para tu fortuna, y la de los tuyos, siempre hubo un "linaje" de personas que nunca se dejaron contaminar por los paradigmas del momento, y pudieron transmitir un concepto de riqueza a través de los tiempos. Antes de irnos a ver esto con detalle, por ahora quédate con esto:

En la era digital, la riqueza está asociada con ser útil para otras personas y disfrutar la vida en armonía con el planeta.

El Eslabón Perdido de la Riqueza

Como habrás visto, los conceptos de riqueza han ido cambiando, y podrás ver con claridad porqué algunos conflictos entre padres que quieren hijos exitosos a la antigua, y estos que ya no les interesa el qué dirán. Pero esto no es tan nuevo, lo que pasa es que lo ignoramos a través de la evolución humana.

Vivir Simple, Viajar Ligero

Para quienes han crecido en tierras latinoamericanas o son descendientes directos de indígenas, está claro que la abundancia es algo que no se pone en duda, y que ganarse el sustento no que requiere de tanto esfuerzo, como lo habíamos aprendido.

Los pueblos aborígenes de Papúa Nueva Guinea, uno de los grupos humanos que más se han mantenido intactos, solo trabajan una hora al día para garantizarse el sustento, y el resto del tiempo lo pasan socializando, jugando o realizando rituales de conexión con la naturaleza. Durante siglos pensamos que ser indígena era atraso, hasta que llegamos a la era digital y nos dimos cuenta que ellos siempre han sido ricos, porque gozan de la tranquilidad, el tiempo y el ocio social que nosotros tanto anhelamos.

Ahora estamos volviendo a ser nómadas, como los aborígenes, lo cual requiere re-aprender a ir ligeros. Hasta hace unas décadas, necesitabas mucho dinero para viajar o tener propiedades donde vacacionar. Hoy día existen diversas plataformas donde personas se conectan con personas y crean intercambios de alojamientos basados únicamente en la confianza, el mayor valor de la especie humana.

Para quienes no viajan tanto, está el desarrollo del minimalismo como filosofía de vida. Cada vez más personas se unen a este movimiento de tenencia justa de aquello que se requiere, y de la circulación de los recursos que ya no tienen función en nuestros espacios.

El concepto de oficina también ha cambiado, y hoy día se limita a un computador y un móvil. El minimalismo se ha apalancado de la tecnología para darle movilidad a nuestra productividad, llevando con nosotros justo lo que necesitamos.

Volviendo a la Eudaimonía y la Ecología

Mucho antes de que existiese el Imperio romano, los griegos vivieron una época de satisfacción de sus necesidades básicas. Estos tiempos de ocio dieron luz a la evolución como especie, en espacios de intercambios de bienes e ideas, conocidos como las Ágoras.

Ciencias como la filosofía, la astronomía, la economía, y artes como la poesía y la música, se dieron en medio de las largas conversaciones. Todo esto estaba basado en la búsqueda del bienestar mayor del ser humano, llamado Eudaimonía. La eudaimonía era el equivalente de lo que hoy llamamos felicidad, y que el fin último de toda la especie humana era lograr ese estado.

Al igual que los griegos, la era digital nos ha ofrecido los medios para poder intercambiar recursos e ideas. Con elementos tecnológicos más sofisticados que la mera filosofía griega, hoy abrimos las puertas a una era de luces donde, no casualmente, nos replanteamos la felicidad como un estado de consciencia con el todo, y no un estado material transitorio.

La generación de relevo tiene más sentido de responsabilidad de los recursos, ya conoce las consecuencias del derroche indiscriminado. Con una visión de ecología sabe claramente que "somos uno" y el fin no justifica los medios.

Volvimos a valorar la felicidad y la ética con el mundo como señales esenciales de riqueza.

La Confianza como Valor de Intercambio

Ya sea cambiando alimentos por herramientas, o frutas por leche, todo termina siendo producto de una relación entre humanos. Seguramente tú también has escuchado aquello de "antes la palabra tenía valor, hoy el papel lo aguanta todo". A través de la historia, nada ha tenido más peso, que la confianza.

Durante la era industrial, la velocidad en las transacciones daba espacio para posibles fraudes. Sin embargo, y al contrario de lo que todos creemos, siempre fueron los industriales honestos los que llegaron lejos. El uso de la ética en los negocios era fundamental para darle larga vida a los negocios.

Cuando leemos a autores de la época como Dale Carnegie, nos damos cuenta que el secreto siempre estuvo en ser confiables. Lamentablemente muchos han utilizado sus principios para manipular, pero la historia siempre termina dando la razón de que sobrevive el más apto para la evolución humana (Es decir, el más honesto).

Todo esto era visto como "opiniones sin sustancia" hasta que llegamos a la era digital, con una de las revoluciones más importantes: conocer cómo funciona el cerebro. La neurociencia hoy día puede medir la confianza a través de un neurotransmisor que producimos llamado oxitocina, que permite develar ese sexto sentido que genera familiaridad y fidelidad en los intercambios.

Inclusive si hoy tu cuenta bancaria está en rojo, ser confiable y honesto te hace verdaderamente rico, a corto y largo plazo.

Trabajar como un Juego de la Vida

¿Cuándo aprendiste que trabajar era algo tan serio? ¿En qué momento pasaste de la alegría de jugar, al estrés de ser responsable? De las grandes transformaciones en el tema de la riqueza, ninguna causa más impacto como la filosofía de placer como parte de la productividad.

Siempre tenemos energía, incluso mucha más de lo que imaginamos. Supongamos que llegas del trabajo, con un cansancio evidente y te echas en el sillón de todos los días. A los pocos minutos te enteras que tu mejor amigo, ese a quien tenías años sin ver, está de paso por la ciudad y te invita a tomar algo. De repente, todo cansancio pasa a segundo lugar, y sales feliz a encontrarte con esa persona. Quien hace lo que disfruta, nunca se siente cansado, ni agotado, ni estresado ni abatido por la vida.

En la era digital, finalmente se cumple una utopía que muchos le criticaron al filósofo británico Alan Watts, a mediados del siglo XX. Su postura siempre estuvo en contra de la locura de trabajar por dinero, para ofrecer una visión de la vida como un juego, producir desde el talento, desde aquello que nos apasiona, sin importar si hay un título académico que lo certifique o un empleo que le dé reputación.

Estamos en este escandaloso momento donde ser rico no está en ir en tener un automóvil último modelo para ir a trabajar a una gran empresa, sino en ir en bicicleta a exponer nuestros talentos ante el mundo. Obviamente, quien es más feliz, necesita menos recursos para sentirse satisfecho.

Como ves, la riqueza implica un replanteamiento de muchos elementos que lo componen, y es por ello que todos estamos en esta disyuntiva entre lo que percibimos como "la realidad" y lo que leemos de quienes nos inspiran. Pero, si aún sigues pensando que la economía es una realidad muy tangible, te invito al siguiente capítulo donde descubrirás cómo la economía tradicional ha llegado a su fin, y qué oportunidades se abren para ti.

CAPÍTULO 3

Del Sustento a la Acumulación

En el año 1637 se originó en Ámsterdam uno de los hechos más absurdos en la historia de los intercambios humanos: cientos de personas vendían sus casas para comprarse un bulbo de Tulipán, creándose así la primera burbuja financiera registrada en la historia y seguida de un período de caos económico de dimensiones incalculables. Por si esto no fuese suficiente aprendizaje, el patrón se ha venido repitiendo desde entonces: la burbuja de la Compañía de Mississippi, la burbuja de los mares del sur, la depresión de 1929, la burbuja del punto com y la inmobiliaria del 2007, solo para contar algunas.

Detrás de cada una de estas burbujas que siguen un comportamiento claro[1], siempre ha habido un experto que hace el análisis, la predicción y luego la explicación del porqué no sucedieron las cosas como debían ser. También ha habido recomendaciones de expertos sobre empresas que han quebrado dos semanas después, y especialistas que recomiendan negocios

---

1 https://bamafe.com/psicologiaciclos-de-una-burbuja-financiera/

que al poco tiempo son cerrados por estafa. Sin ir muy lejos, hace poco vi con mi propios ojos como un especialista en planes de retiro me explicaba por qué el plan de retiro propuesto a mi amiga era la mejor opción, aun cuando los números decían claramente que el plan de ahorros no ofrecía intereses (dícese 0 intereses ganados ahorrando durante 15 años y sin poder tocar el dinero).

Habiendo tantas evidencias matemáticas (y tanto experto) que permita vislumbrar un mundo más organizado y claro con el dinero ¿Por qué nos vamos de un caos a otro, seguimos ignorantes del tema y perdemos dinero como si el sistema financiero fuese una ruleta rusa? La respuesta es odiosa: porque lo es. Aquí vamos a hablar de los errores fundamentales de eso que llamamos economía y cómo todo se resume en un solo punto, para entender la economía que yace en ti.

Los Orígenes de la Economía

Si podemos hacer una comparación a través de la historia con el nivel de prosperidad que poseemos hoy, esta se parece a lo que se conoció como la antigua Grecia. En aquel momento, disponer de tiempo para conversar era la base de la gestión del pensamiento (filosofía) y el desarrollo del liderazgo (política).

Pero, para disponer de ese tiempo y poder acceder a los entornos donde ese conocimiento florecía, era necesario tener todo en casa bajo control. De allí procede la palabra *oikonomía*, que no es más que la ciencia de manejar el sustento para gozar de una buena vida, llamada *eudaimonía.*

Es aquí donde por primera vez se comprende que el buen vivir está asociado con el juicio en la administración de los recursos. La *eudaimonía* no es más que ese nivel de bienestar general y suficiencia, donde no hay sobrevivencia, ni preocupaciones (sí, eso que siempre has soñado).

La *oikonomía* sostenía elementos muy interesantes, como por ejemplo la certeza de que el mundo era abundante y únicamente se requería de ética en la gestión de todo lo que la tierra nos ofrece. También hablaba de la importancia de no solo generar recursos para sobrevivir, sino también disponer de un excedente que permita realizar al menos dos actividades más (con frecuencia la filosofía y la política).

Junto con este concepto, existía otro del cual poco se habla, y es la *crematística.* La *crematística* era la ciencia de enriquecerse a través de la acumulación. Para Aristóteles esto era un acto contra natura, es decir, era la desconfianza de que la naturaleza proveía en abundancia y que nuestra labor era circular, no acumular. A partir de este momento, es que se declara que el dinero por el dinero (usura y avaricia) se convierte en un problema ético que amenaza el equilibrio natural y social.

Hasta ese momento, entendíamos que vivimos en un mundo abundante que nos sostiene, y que el correcto uso del dinero y los recursos justos nos permite vivir bien, con la tranquilidad necesaria para además dedicarnos a algo adicional que nos haga crecer. Cuando hacemos algo por usura o pensando solo en el beneficio material, atentamos contra la abundancia y el bienestar general.

¿Cómo sabemos que eso es lo que funciona?

La respuesta la tenemos en la civilización posterior, que fue todo lo contrario: el imperio romano. Conocido como uno de los imperios más poderosos de la historia humana, los romanos de la época conocieron de cerca la avaricia, la usura y el despilfarro, lo cual trajo como consecuencia un desbalance social que hizo al imperio implosionar en solo 500 años... a pesar de todos los recursos de los que disponía para la época.

Es importante resaltar que durante el imperio romano y todos sus desequilibrios, se dieron origen a diferentes grupos filosóficos, cuyos líderes fueron aniquilados uno a uno, y confiscados sus bienes. Hubo un solo líder que, siguiendo los principios griegos de *oikonomía* y eudaimonía (vida con sustento y plenitud), pasó inadvertido el tiempo suficiente para expandir su filosofía: su nombre fue Jesús de Nazareth. Todo lo que la biblia ha traducido como "pobreza" no es más que una filosofía de vida simple y minimalista, la cual Jesús practicaba y le permitió llegar a altos niveles de evolución espiritual.

La Economía en la Era Medieval

Una vez caído el imperio romano, se abrió paso a la expansión germánica en Europa, junto con el florecimiento del cristianismo como práctica teológica. Esto trajo la reconexión con la tierra como medio de producción, bajo acuerdos entre el dueño de la tierra (vasallo), el administrador de la tierra (el señor) y aquellos que estaban dispuestas a trabajarla a cambio de sustento (siervo). Este sistema se llamó feudalismo y el valor que lo sostenía era la fidelidad, formalizada en juramentos públicos.

Mientras el sistema feudal trabajaba la tierra, también se fue creando un sofisticado intercambio de productos. Es así como el comercio se abre paso entre regiones europeas, principalmente por vía marítima, para el intercambio de bienes y alimentos. Nace entonces el comercio internacional, mucho más evolucionado en el tránsito de mercancías de La Ruta de la Seda, que conectaba Asia con Europa.

Una de las primeras evoluciones, producto del comercio a distancia, fue la creación de la letra de cambio. Este instrumento, propuesto por los italianos como prueba de deuda, permitía que un mercader entregara dinero en una localidad, esperando recibirlo en otra localidad o darlo a sus acreedores como garantía de pago. Esto permitía intercambiar dinero presente por dinero ausente, y que el comerciante tuviera la confianza de ese dinero estaba disponible y a su nombre, sin tener que cargar con él.

A fin de que los mercaderes llevaran orden entre lo que tiene (haberes) y lo que debe (deberes), aparece una técnica propuesta por el Florentino Fray Lucas Paccioli, que se convirtió en la doble partida contable, dando origen a la contabilidad como la actividad de control comercial. Como dato curioso, podemos agregar que este es el mismo autor de la divina proporción, o proporción áurea.

Para que las letras de cambio, el dinero y los sistemas contables funcionaran, hacía falta una figura clave, que hacía esto posible: los cambistas. Estas personas se encargaban de servir como intermediarios para facilitar las transacciones internacionales. Al ser una actividad que requería niveles de confianza muy altos, esto era solo permitido ejercer en familias específicas, y pasado de una generación a otra. No cualquiera podía ser cambista.

Al existir una relación entre mercaderes que viajaban de un lugar a otro y cambistas que los conocían muy bien, estos segundos fueron convirtiendo sus casas en hostales, lugares donde los mercaderes se alojaban y tenían la confianza para realizar sus transacciones.

En la ciudad donde vivo actualmente, Brujas (Bélgica) hubo para esas épocas una familia cuyo hostal estaba en un punto estratégico en medio de los hostales de los organizados comerciantes italianos. El nombre de la familia era "Van der Buerze" (De La Bolsa, en español) y el hostal era conocido como "Ter Buerze" (en Bolsa).

Esta familia Van der Buerze realizaba no solo operaciones de cambio, sino que además servía de aval ante los comerciantes locales que proveían alimentos para los mercaderes que estaba de paso. Los De La Bolsa, emitiendo un vale especial, ayudaban a los mercaderes recién llegados a obtener comida y bebida, poniendo en garantía la mercancía que venía en camino. Estos intercambios se conocieron luego como operaciones de Bolsa, y fue el origen de lo que hoy conocemos como la Bolsa de Valores. Todo esto era posible gracias a la confianza que existía entre todas las partes, algo que sigue siendo el valor que sostiene el sistema financiero.

Podemos ver con claridad que, para hacer posible los intercambios de forma local y global, se requieren dos valores fundamentales: lealtad hacia los proveedores y confianza entre los aliados. Nada de esto podía funcionar a largo plazo, si estos valores eran quebrantados. Pero estos intercambios fructíferos no era lo único que generaba riqueza plena en aquellos tiempos.

Junto con la capacidad de intercambio comercial, las familias de renombre tenían claro que su misión no era la de acumular, sino la de circular éticamente las ganancias, proveyendo no solo bienestar personal, sino ofreciendo bienestar a quienes estaban en desventaja. La contribución y el apoyo a los desposeídos era, entonces, la forma como se glorificaba a Dios por las bendiciones recibidas.

Las familias más adineradas de la época medieval en Brujas construían pequeños centros habitacionales llamadas "Godhuis" (Casa de Dios) donde daban alojamiento y sustento a quienes no podían proveérselos: enfermos, viudas, huérfanos, entre otros. Es así como los conceptos de contribución, altruismo y filantropía entran como parte del camino hacia la elevación espiritual, asumiéndose que ellos eran el medio santo a través del cual lo material fluía para distribuir de forma justa entre los seres humanos. Más que una deuda con Dios, era una ofrenda práctica a su gloria en la tierra.

Hasta este punto, el dinero tenía una sola función, que era circular para facilitar intercambios. Todo giraba en torno a lo transitorio de nuestra existencia, y los privilegios asumidos como bendiciones divinas. La riqueza era más una condición interna, que una situación material, algo que se recordaba claramente el noble Lodewijn Van Gruuthuse, quien tenía escrito por toda su lujosa mansión la frase "Plus est en vous" (Dentro de ti hay mucho más).

Lamentablemente, no todos los centros urbanos manejaron con la *oikonomía* griega como la norma a seguir; en el caso de Francia se fueron por la crematística (acumulación y ostentación sin contribución), lo cual terminó en el caos para así iniciarse la Revolución Francesa.

La Economía en la Era Moderna

Durante la era moderna se consolida el comercio internacional, lo cual lleva a los europeos a explorar el mundo. Pero estas exploraciones generan además quiebres en los valores fundamentales que sostienen la economía. Veamos:

En primer lugar, tenemos la demostración de la redondez de la tierra, lo que se llevó a cabo en manos del italiano Cristóbal Colón, quien logró obtener el apoyo de la Reina Isabel La Católica para hacer el viaje más rentable de la historia, al descubrir el continente Americano.

Sin entrar en la polémica de la historia, este encuentro de dos civilizaciones trajo como consecuencia el enriquecimiento de la corona española, al obtener por permiso religioso el derecho de extraer unas 160 mil toneladas de plata y 24 mil toneladas de oro de América. Esto, que pareciera ser la garantía de bienestar y prosperidad por muchos siglos, al no ser gestionado correctamente, los llevó a la quiebra en menos de cien años.

Sin duda, mucho oro y mucha plata entró en tierras españolas, pero como ya indicaba Aristóteles, sin oikonomía no hay progreso. La ostentación se convirtió en el estándar, dando origen al arte rococó (que incluye incrustaciones de oro en sillas y mesas) y haciendo que prácticamente nadie quisiera trabajar la tierra, solo lucir y comprar. Poco a poco la bonanza se convirtió en inflación y deuda, para finalmente, en el año 1575, el Rey Felipe II reconocer que no podía pagar a sus acreedores de Holanda, Alemania e Italia. España estaba quebrada.

Esto por un lado, y por otro las diferencias de calidad de vida que se iban gestando en la aristocracia francesa, lleva en el año 1615 al soldado francés Antoine de Montchrestien a desafiar las bases de la oikonomía de Aristóteles (como la gestión del sustento familiar y alejado de la política), para finalmente publicar el *Tratado de economía política*.

La posición de Montchrestien era que el Estado era como una familia grande, y que los recursos debían fluir hasta este nivel macro. La economía es, a partir de ese momento, algo que incluye el financiamiento militar con recursos obtenidos por recaudación de impuestos. Pero ¿De dónde salen los impuestos?

Aquellas contribuciones voluntarias que realizaban las familias de comerciantes para apoyar a los más desfavorecidos pasan a llamarse impuestos, y los recauda el Estado para financiar sus gastos operativos (militares) y el resto distribuirlos entre la sociedad. Si algo quedó de esta forma de contribución, es la posibilidad de que los contribuyentes puedan hacer donaciones a organizaciones de ayuda registradas ante el Estado, y ser descontadas de los impuestos a pagar. Esto sigue aún vigente.

Un poco más tarde, en la ciudad de Ámsterdam, donde aparentemente el sistema financiero había dado grandes pasos luego de registrarse formalmente como entidad aquellas operaciones de confianza conocidas como operaciones de la Bolsa, se manifiesta la crematística y su consecuencia antinatural: la primera burbuja financiera se registraba en la historia financiera.

En el año 1602 llega a Ámsterdam la *Beurs van Berlage*, luego de que la medieval ciudad de Brujas perdiera actividad comercial al secarse el canal de acceso. A diferencia de la actividad familiar original, esta era una entidad legal creada por la Compañía Holandesa de las Indias Orientales, y reunía a los comerciantes que traían productos de los lugares colonizados.

En uno de esos tantos viajes, comenzó entre los comerciantes una costumbre elitista, que era la siembra de tulipanes. Esta rara y hermosa flor que crecía a la intemperie en Turquía, pronto se convirtió en sinónimo de prestigio en Ámsterdam. Todos querían tener esas flores en los jardines de sus casas, lo que poco a poco la fue convirtiendo en un producto deseado.

Ante la novedad de las actividades de bolsa, es decir, de productos que se vendían sin haber aún llegado, el mercado de tulipanes se convirtió en una versión más sofisticada y sin mucha regulación: la venta de los bulbos, tulipanes que aún no brotaban (denominados en su momento negocios de aire y hoy día "mercado de futuros"). Estos bulbos se comerciaban en bares, donde las personas bajo el efecto del alcohol compraban y vendían bulbos de tulipán a precios cada vez más altos, dado el deseo que generaban y la competencia que en esos lugares se establecían, producto de las subastas.

De todos los tulipanes, había uno llamado *Semper Augustus*, sumamente exótico porque era multicolor y no se parecían entre sí. Al entrar los Tulipanes a la bolsa de valores, el mercado aumentó aún más, donde el valor del *Semper Augustus* igualó al valor de 24 toneladas de trigo. Pero el 5 de febrero de 1637 los bulbos de tulipanes llegaron al límite de su precio, y al día siguiente nadie daba más. En ese momento entró el pánico y como reacción en cadena, cada quien trató de vender lo que tenía para recuperar su inversión. En solo 4 días, sucedió lo que nadie pudo imaginar: había estallado la burbuja del mercado de tulipanes, dejando en bancarrota a todas las clases sociales.

A la par de este caos, tomaba auge los principios filosóficos dictados por el reformador religioso francés Juan Calvino. Este partía de la premisa de la falta de juicio humano y el peligro constante de cometer errores. El Calvinismo era el camino para vivir lo material en la *oikonomía* griega de la que tanto hablaba Aristóteles.

Muchos países que convirtieron el medio en fin (crematística), terminaron quebrados. Pero de todos, Inglaterra trascendió estas tentaciones materiales, y dio un giro hacia las maneras de producir, algo que cambiaría su posición en el mundo y marcaría una era en la historia de la humanidad.

La Economía en la Era Industrial

Entre los años 1759 y 1760 se da origen en Inglaterra a dos hechos en simultáneo que cambiarían para siempre la forma como los seres humanos nos relacionamos con el dinero, los recursos y los productos.

En primer lugar, los estudiosos de los mercados descubren a un joven aislado llamado Adam Smith, al correrse la noticia de haber sido el primero en retomar la filosofía griega y asociarla con la naturaleza, publicando el libro *"La teoría de los sentimientos morales"* en el año 1759. Por primera vez alguien combinaba sus estudios de teología, economía política y ética, con sus propias reflexiones acerca de la filosofía humana.

Este libro expone de manera clara, pero sin método científico que lo avale, la existencia de una empatía natural entre los seres humanos, incluso cuando no hay beneficios económicos en dicha relación. Su visión causó revuelo, al punto de obtener una pensión vitalicia a cambio de ser tutor del III Duque de Buccleuch.

Pero fue después de conocer la aristocracia de la época y de viajar por diferentes países, que se toma el tiempo para escribir su segundo libro, que gozó de aceptación inmediata y que le valió el título de "Padre de la Economía". Su obra de 1776 *"La Riqueza de las Naciones"* hablaba acerca de cómo el sistema de libertad natural permite la búsqueda del bienestar personal, impactando a su vez en el bienestar general.

Por primera vez, desde aquellas teorías griegas y la evolución de la economía política, se dispone de un "manual de riqueza" que incluía la división del trabajo, el dinero, los salarios y su acumulación como factor de prosperidad, algo que bautizó como capital. También estableció la metáfora de la mano invisible, como la fuerza desconocida que regula las actividades del mercado. De ambos libros, *La riqueza de las naciones* fue tomada como la base para el posterior desarrollo y difusión de la economía como una ciencia, algo que sigue siendo el argumento principal en el estudio de las ciencias económicas, dos siglos y medio después de aquel momento.

La sistematización de la economía no fue lo único que floreció. También se inició en aquel momento una forma de producir bienes que generó un crecimiento a una velocidad jamás imaginada. El desarrollo de las máquinas y procesos de producción en serie, permitieron la democratización de cientos de artículos que antes se elaboraban de forma manual. Ya no se necesitaba de un trabajo artesanal de horas, sino que la base era crear el molde a partir de cual se producían en serie las demás unidades.

Entre los productos más resaltantes, estuvo la imprenta. Los libros y la difusión de los mensajes escrito dejaron de ser un privilegio de pocos, para permitir que cualquiera pudiera tener sus propios libros, iguales a los que otros tenían. Esto, junto con el telégrafo generó una explosión comunicacional en el mundo.

Por otra parte, los holandeses habían establecido un centro de operaciones en el norte de América, exactamente en lo que hoy se conoce como Nueva York. En el año 1625 se fundó Nueva Ámsterdam, y con ella la efervescencia comercial. Dos siglos después, en 1817, se estaba replicando el modelo de Bolsa, fundándose en la calle Wall Street de Manhattan el New York Stock and Exchange Board, mejor conocida como la Bolsa de Valores de Nueva York. Se convirtió entonces en el primer centro de operaciones de Bolsa en América, y en muy poco tiempo pasó a convertirse en la más importante del mundo, superando en 1918 (después de la primera guerra mundial) a la Bolsas de Londres y de Ámsterdam.

Una de las grandes transformaciones sociales, además de la masiva migración de agricultores a lo que ahora serían las ciudades, estuvo marcada por la diferencia entre las formas de producir entre el norte y el sur de Europa. El norte ya estaba convencido en que su prosperidad estaba en las máquinas, mientras que el sur aún se aferraba en la explotación humana y la colonización de otras tierras.

Una vez que comenzaron los movimientos de independencia de las colonias imperiales, se sintió el efecto de la industrialización y el mundo vivió un nuevo orden de prosperidad, basada en la capacidad de gestionar industrias transformadoras de recursos en productos.

Junto a toda esta explosión de ideas, también evolucionaba la disciplina científica, dando paso a nuevas formas de pensar basadas en el escepticismo racional. Solo era válido aquello que era verificable, y lo que no, se consideraba una opinión aislada o una filosofía. De esta manera aparece una contraposición a la postura de Adam Smith, de parte del comunista judío prusiano, Carlos Marx. Su posición inicial era que esa acumulación llamada capital era un veneno social (una crematística), ya que generaba una brecha material cada vez más grande entre la burguesía y el proletariado, generando constantemente una lucha de clases. A diferencia de Adam Smith, Carlos Marx nunca vio florecer su aporte estando en vida.

Sostenido por la filosofía del segundo libro de Adam Smith, Benjamin Franklin instala en Estados Unidos una filosofía de prosperidad mucho más parecida a crematística griega basada en acumulación y la avaricia, donde la riqueza era el fin, a la oikonomía basada en el sustento necesario para una buena vida. Frases como "el tiempo es dinero", "ninguna nación se ha arruinado por comercio" provienen de la filosofía establecida por Franklin.

De esta manera el mundo se abría a dos filosofías en la gestión de lo material y la ética que la acompañaba. Por un lado el capitalismo basada en el mercado, el consumo y la sobrevivencia del más apto. Por otro lado, el comunismo basado en la lucha de clases y la penalización del enriquecimiento desnivelado en la sociedad. De las máquinas pasamos a los sistemas, y estas filosofías se arraigaron cada vez más, convirtiéndose en culturas.

La Economía en la Era Informática

Ante el nuevo orden mundial, donde Estados Unidos absorbió con rapidez las lecciones del sistema industrial inglés, van apareciendo diversas innovaciones que simplificarían la vida de los seres humanos. El principio del fin del sistema industrial aparece en el año 1929, cuando la manipulación monetaria en Estados Unidos genera un desplome de la Bolsa de Valores, llevando a la economía a una depresión (porque no lo quisieron llamar quiebra o bancarrota).

De esta manera, se pudo sobrellevar la situación y restablecer la confianza en el entorno, ahora sostenido en sistemas que garantizaran las operaciones. A partir de la revolución científica, solo aquello medible podía ser sujeto de estudio. En el caso de la economía de Adam Smith, se sabía que había una "mano invisible" que regulaba el mercado, pero nunca se tomó como parte de estudio científico. De esta manera se excluyen los aspectos humanos como los sentimientos y las emociones. Se lleva entonces a las ciencias económicas (economía, contabilidad, finanzas) a un terreno netamente numérico, donde solo es válido como teoría aquello que se demostrara mediante fórmulas.

De esta forma se excluye definitivamente la parte ética de la que habló Aristóteles en su tratado de oikonomía, y la parte de altruismo natural humano, de la que habló Adam Smith en la *Teoría de los sentimientos morales*. A partir de ese momento, se asume al hombre como un ser racional que siempre toma las mejores decisiones (*Homo Economicus*) y al dinero como algo tangible, real y medible. Se concibe la prosperidad como algo que está únicamente asociada a las decisiones de ganancia personal, y que el único fin de la existencia humana es acumular bienes y recursos. La riqueza no estaría asociada a un sentimiento, sino a una condición material.

De la era industrial se formaron grandes riquezas, dando origen a una clase social poderosa en Estados Unidos, y la convicción de que el capitalismo era la fórmula del éxito.

Nombres como Louis Pasteur, Andrew Carnegie, Benjamin Franklin y Henry Ford, entre otros, se alzan como parte de la élite productiva y los modelos a seguir de la época.

El propósito principal bajo el cual se deciden empresas y productos es por las ganancias que dejan. Actividades como las ventas se convierten en la habilidad principal y los secretos para ser y lucir como ricos están a la orden del día. Calcular es la única vía para tomar decisiones.

Las finanzas logran sus niveles de mayor aceptación, basadas en un lenguaje técnico y una complejidad matemática. Saber hablar y calcular daba a las personas de negocio una ventaja competitiva y a los empleados en los cargos directivos la garantía de ser los mejores pagados. El estatus era lo que hacía a las personas trabajar horas incansables, y el éxito se medía por lo que se poseía.

En Estados Unidos el olfato de negocio estaba relacionado con dinero, lo cual hacía cada vez más complejas y rápidas las transacciones. La confianza dejó de ser un tema entre humanos, para pasar a ser una industria.

En el año 1950, luego de que un hombre de negocios olvidara su billetera al invitar a unos clientes a una cena de negocios en un restaurante que frecuentaba, se crea un sistema que pronto se propagó para evitar tal vergüenza. Comenzó llamándose "Diners Club" (el club de los comenzales de la cena), donde se ofrecía una tarjeta personalizada a los clientes del restaurant que le daba el privilegio de consumir ahora y pagar después (crédito). Este sistema permitió "fluir" las conversaciones de negocios sin pensar en la cuenta, y permitía a los restaurantes tener clientes fijos. El éxito generado llevó a formalizar el método de tarjeta de crédito y el nombre Diners Club como una empresa de servicio financiero. Es así como la tenencia de una tarjeta de crédito se convirtió en un instrumento de prestigio para hombres de negocios.

La prosperidad económica de las empresas que mejor negocios hacían, las llevó a seguir creciendo, al punto de expandirse sin límites geográficos. Para los años 60 ya no se hablaba de empresas locales sino de multinacionales. El desarrollo tecnológico estaba creando algo parecido a una aldea global, donde grandes monstruos corporativos tenían presencia en cualquier parte del mundo. Las franquicias aparecieron como la evolución del sistema industrial, ahora conectando empresas a nivel global bajo el apoyo de un sistema probado y avalados por una marca de reputación internacional.

Mientras al norte de América crecían los negocios y la calidad de vida se incrementaba a base de productos y servicios para la comodidad personal, Europa estaba viviendo uno de los capítulos mundiales más sangrientos de su historia reciente: Primero por el caos económico generado en Alemania como resultado de perder la primera guerra mundial, y luego con la segunda guerra mundial de manos de Adolfo Hitler, un hombre cuyas ideas socialistas, financiadas por Henry Ford y basadas en las leyes genéticas de Mendel, exterminaba de forma sistemática a millones de judíos, por considerarlos un error genético y unos seres inferiores peligrosos para la humanidad.

De esta manera transcurrió el siglo XX, entre la idea occidental del dinero como la fuente de la felicidad y el progreso, y el dolor de ver cómo las crisis económicas afectaban el equilibrio humano, causando las pérdidas más dolorosas jamás recordadas. Mientras Estados Unidos abrazaba la idea de vivir al máximo (y con evidencias científicas) la crematística griega, el continente europeo volvía de forma dolorosa a re-aprender que los desequilibrios económicos llevaban a justificar lo injustificable.

La Economía en la Era Digital

La pregunta clave aquí es ¿finalmente el modelo capitalista de los Estados Unidos ha permitido incrementar la felicidad al concebir el dinero como el centro de la prosperidad?

Las estadísticas pueden sorprenderte: Al 2018, una tercera parte de los estadounidenses viven en niveles cercanos a la pobreza (unos 100 millones de personas), y a la fecha el país del modelo capitalista lidera la lista de países en deudas con aproximadamente 20 billones de dólares (31% del total). No solo esto, sino que además lidera la lista de países consumidores de antidepresivos, con un 11%, que incluye además niños de 12 años. A grandes rasgos parece que el modelo ha generado productos y servicios sofisticados, pero lejos de la felicidad.

Pero no todo está perdido. El siglo XXI inicia con nuevos desarrollos científicos que se cruzan con los desarrollos tecnológicos, para dar respuestas a muchos de los desequilibrios que vimos anteriormente.

En primer lugar llega a su etapa de madurez la psicología, una ciencia acerca de los procesos mentales humanos liderado por el psicoanalista austríaco judío Sigmund Freud, quien pasó su vida entendiendo los traumas humanos y cómo estos influían posteriormente a lo largo de las vidas de las personas (lo cual vio muy de cerca durante las guerras mundiales).

Por otra parte, en base y en contraposición a lo anterior, nace la Psicología Positiva, o el estudio de los elementos que suman al bienestar del ser humano y su capacidad para sobreponerse a dichos traumas de forma natural. De aquí resaltan científicos como Martin Seligman y Mihaly Csikszentmihalyi.

A la par de la Psicología Positiva, se desarrolla el estudio del comportamiento humano y sus tendencias conductuales y emocionales, sobre todo en la forma como este toma decisiones con sus recursos materiales. Esto se conoce como Economía del Comportamiento o Finanzas Conductuales, combinando la psicología (de base humanista) con la economía tradicional (de base matemática). La idea es demostrar si realmente somos tan materialistas, objetivos y egoístas, como los economistas describían, una y otra vez, al *Homo Economicus*.

Por el lado médico-tecnológico, se observan grandes avances en el área de la salud, permitiendo observar por primera vez la gran caja negra humana en acción: el cerebro. Neurólogos como Antonio Damasio y psicólogos como Daniel Kahneman realizan desde comienzos del siglo XXI los más profundos estudios, bajo mediciones exactas, de la integración física, química y biológica del ser humano, en sus decisiones de intercambios.

A esta actividad interdisciplinaria se llamó Neuroeconomía, y en el año 2002 se otorga el primer premio Nobel de Economía a un psicólogo (Khaneman) por sus hallazgos en los sistemas de decisión humana. A partir de este momento, la economía deja de ser algo que ocurre allá afuera, y comienza a ser algo que se gesta en el cerebro humano.

Es así como nos encontramos en una de las eras más fascinantes de la evolución humana. Muchas de las suposiciones filosóficas que mencionaban los griegos, comienzan a ser finalmente observables, medibles y objetivamente demostrables. Las emociones entran en el terreno de análisis y la felicidad, aquella eudaimonía que tanto se ha buscado a través de la historia, comienza a ser posible.

Las teorías de un ser humano que toma decisiones racionales y solo en beneficio propio, finalmente se descartan al observar y medir el cerebro en acción tomando decisiones de dinero. Se retoma la teoría de los sentimientos morales de Adam Smith, y se descubre que la especie más apta para el progreso humano nunca fue el más egoísta ni el más avaro, sino todo lo contrario: ante los intercambios humanos, el que sobrevive es aquel que es confiable en su entorno, que sabe vivir con lo suficiente, que goza del afecto de sus iguales y que es ético en sus decisiones de intercambio.

Es mucho lo que queda por descubrir, pero sin duda el camino está guiándonos hacia la gestión de la riqueza como un resultado de la consciencia humana, de regresos a esa oikonomía donde aquellos que viven en Armonía Financiera y Eudaimonía Personal son los que verán el paraíso prometido en esta realidad de abundancia y plenitud.

Ahora que sabemos que la economía no es como la pensábamos, y que estamos en un espacio donde se puede vivir tranquilo con un sustento familiar, vamos a reconfigurar tu relación con lo material, para que a partir de esta noche puedas descansar con la confianza de que tu existencia está garantizada y de que salir cada día a "ganarte la vida" es solo un chip de control social que pertenece a una era y una realidad que ya no existe.

CAPÍTULO 4

La Vida en Riqueza Consciente

Cuando le pregunto a las personas en la calle si son ricas, automáticamente ponen una cara de rareza y de inmediato buscan formas de excluirse de esa "élite". Querámoslo o no, existe una cierta identificación con la pobreza y la asumimos con orgullo personal. Parece que los ricos son otros y no nos parecen buenas personas. ¿Cuándo y cómo aprendimos eso?

Desde muy pequeña, siempre me he sentido parte de los ricos, los beneficiados, los afortunados y los que pueden llegar lejos. Pero como te comenté al principio, yo vengo de un barrio donde todos se consideraban pobres, menos yo. No es casual que hoy día yo experimente este estado de plenitud y tranquilidad que me acompaña diariamente. Mi realidad es diferente porque yo así la creé.

Ahora te voy a acompañar a desmontar esa lealtad ciega que tienes a la identidad de pobreza y a separar la riqueza del dinero, para que dejes la ilusión de hacerte rico a través del azar de la lotería y puedas, de forma consciente, ser ese medio a través del cual el dinero suma al bienestar de todos. Aquí aprenderás a crear una vida de riqueza consciente.

El Poder de Ser Rico

La primera vez que me adentré en esta palabra: rico, fue a los veinte años, cuando leí *La ciencia de hacerse rico* de Wallace D. Wattles. Entre todo lo leído, capté claramente la idea de que el ser humano es el medio a través del cual lo no material se convierte en material y que cuando estamos preparados, nuestra capacidad de materializar se alinea con el bienestar humano.

Si lees los resúmenes del libro o sus interpretaciones en las redes sociales, todos van a lo mismo: dinero, dinero y más dinero. Pero para mí, el libro tiene una sustancia más de conexión interna con nuestro ser materializador, que con el hecho de convertirnos en cajeros automáticos.

Durante una entrevista que le hizo Oprah Winfrey a Rhonda Byrne (la autora de *El secreto*), ella comentó que *La ciencia de hacerse rico* fue la inspiración directa que la llevó a *El secreto*, algo que me parece muy válido porque el libro, en mi interpretación, está más relacionado con el arte de manifestar la realidad, que con hacer dinero.

Lamentablemente, el ser humano sigue (y seguirá) confundiendo ser rico con tener dinero. Este tema será la confusión eterna de los que siguen pensando que el poder está en el dinero, en lo que muestran y en cómo se vengan de una sociedad de la cual se sienten víctimas. Pero tú estás aquí para tomar un camino diferente, así que los dejamos a ellos dando vueltas alrededor del dinero, mientras tú y yo nos vamos por el sendero de la riqueza.

Comencemos con una frase célebre del Dr. Lair Ribeiro: "Rico no es el que más tiene, sino el que menos necesita". De acuerdo a esta opinión, la riqueza es inversamente proporcional a la acumulación y está más cerca de la capacidad de hacer circular. Esto se parece mucho más al mandato divino de ser medios de distribución de bienes para el bienestar de todos, que a la ostentación de posesiones materiales.

Cuando nos vamos más atrás, en términos de etimología, la palabra *riqueza* tiene bases góticas que significan "poderoso" y por el lado indoeuropeo está asociada con "destreza". Esto implica que la riqueza es un poder interno que nos permite operar con destreza en el mundo material.

Regresando entonces a mis orígenes, vemos que la pobreza estaba relacionada con la incapacidad de hacer, lograr o crecer, porque el poder estaba en otra parte, no en uno mismo. Si tuviera que llevarlo a términos prácticos, el pobre es aquel que vive esperando que algo suceda a su favor o que alguien haga algo en su nombre y para su beneficio final. La pobreza es entonces la negación del poder personal y la ignorancia de la destreza.

Si nos vamos al terreno de la psicología, la teoría de la riqueza podría estar asociada a lo que se denomina el "locus de control interno", que no es más que la aceptación del ser humano como protagonista y creador de su propia realidad. En contraposición tenemos al ser que vive bajo el "locus de control externo", quien se asume víctima de las circunstancias que cree no poder cambiar, algo muy parecido a la mentalidad de pobreza.

Hasta ahora, esto no tiene ninguna relación con el dinero, sino con la ejecución del poder personal, con la concientización de la riqueza.

Si eres capaz de identificar las áreas de tu vida en las que tienes influencia directa, entonces podrás tener la capacidad de moverte desde lo que sí puedes y dejarás de esperar que algo allá afuera cambie. Comienzas a crear el mundo desde la riqueza y no desde la pobreza.

Entonces una buena pregunta que te harías todos los días, ante una situación en particular, sería: "¿Qué parte de mí tiene poder sobre esta situación, por más pequeño que sea este poder?".

Y seguro que cuando te hagas la pregunta, la primera o la décima vez, tu respuesta será: "¿Pero cómo hago?". Entonces comencemos a identificar los niveles de poder, para así saber qué hacer en estos momentos.

El Poder Biológico

Iniciemos el camino de la riqueza consciente desde lo más

simple y básico, que es la sobrevivencia. Para ser la especie exitosa que somos hoy, hemos tenido que sobrevivir a millones de años, para lo cual se ha requerido muy poca masa gris en nuestro cerebro y muchísima interacción con el entorno.

Nos hemos hecho merecedores a uno de los sistemas de sobrevivencia más sofisticados que puedan existir y todo se centra en un órgano que lo describe: el cerebro humano.

Analizando la evolución humana, comencemos con la existencia de la vida unicelular. Entonces éramos sólo una célula con inteligencia suficiente como para generar energía, nutrirnos y transitar nuestra experiencia biológica hasta la muerte. Pero esto no quedó así.

Luego nos convertimos en seres pluricelulares: un cúmulo de células integradas que colaboraban para hacer su vida un poco más larga. En ese momento aparecieron las bacterias y luego las especies conocidas como invertebrados. Ahora la vida se gestaba en las vísceras y teníamos un estómago que procesaba nutrientes y generaba desechos.

Más adelante fuimos vertebrados y nuestras vísceras estaban cubiertas por músculos y huesos que, a diferencia de los caracoles y las tortugas, nos permitían ir más rápido, movernos y escapar de los depredadores. La vida se hizo más compleja y nuestro sistema nervioso evolucionó para cuidarnos.

Más adelante fuimos reptiles, con un sistema sofisticado para el ataque y la defensa, donde nuestro cerebro aparecía en la periferia, fuera de las vísceras, para poder percibir el peligro y preparar al cuerpo completo para correr o atacar.

Hasta hace muy poco formamos parte de los mamíferos y esto nos llevó por un camino de socialización, lo que nos permitió generar conexiones emocionales más desarrolladas, haciendo que nuestro cerebro creara la posibilidad de experimentar emociones más allá del dolor o el placer.

Muy, muy recientemente en la historia del mundo, evolucionamos hasta tener la capacidad de autorreflexión, en una parte de nuestro cerebro llamada corteza prefrontal. Esta parte nos permite elegir cómo reaccionar ante el dolor y el placer, así como decidir dónde y con quién queremos estar. Mágicamente, esta parte también nos permite imaginar, planificar y materializar.

Pero esto no se quedó allí, pues así como pasamos de organismos celulares a pluricelulares, nuestro sistema nervioso pasó del cerebro a la cultura. Sí, la cultura es el último de los entramados biológicos con los que contamos para ejecutar el poder. Esto nos lleva a revisar con cuidado, si estamos haciendo un uso adecuado de la cultura.

La cultura es una de las fuentes de poder más inconscientes que existen, porque realmente nadie las pone en tela de juicio: solo obedecemos, porque discernir sobre la cultura es visto como una traición a nuestras raíces. Es correr el riesgo de sufrir la exclusión social en el lugar de donde provienes.

Una cosa es honrar tu origen y otra ser leal a lo que ya no funciona. La innovación viene a hacer por ti, lo que tú no harías en tu "sano juicio". La tradición y la innovación siempre se juzgan una a la otra, lo cual es normal.

Por eso es importante identificar cuál es la relación que ejecutas a nivel cultural, para vivir y dejar de sobrevivir y aquí te pongo un ejemplo claro del tema:

En el año 1962, el sociólogo Everett Rogers escribió la obra *Difusión de las innovaciones*, donde describió el problema de la lealtad irracional a la cultura y cómo esta puede atentar contra el bienestar individual.

En la década de los '50 se detectó que en un poblado remoto de Perú llamado Los Molinos, había una epidemia que afectaba a la población. Para ayudarlos, se trasladaron expertos en temas de salubridad, para enseñar a los pobladores a consumir efectivamente el agua del lago.

La técnica era sencilla: hervir el agua antes de tomarla, para matar los microbios y bacterias. Sin embargo, luego de tres meses de intervención, los pobladores no hervían el agua y seguían igual. Se reunieron los expertos a tratar de entender lo que estaba pasando, hasta que uno de ellos llegó a la pregunta fundamental: "¿Qué significará el agua hervida para la cultura a la cual pertenecen los habitantes de Los Molinos?".

Al observar el comportamiento de los pobladores, la respuesta no tardó en aparecer: el agua hervida se consumía cuando estaban enfermos, no cuando estaban sanos. La relación entre el agua hervida y la enfermedad, les decía claramente que si tomaban agua hervida estando sanos, pronto enfermarían. Por esta razón, preferían rechazar la innovación, a pesar de que tenía bases científicas. La cultura puede sabotearnos hasta en lo más básico, como la sobrevivencia.

Ahora vamos a tu mundo actual, esa "realidad" en la que vives hoy y te invito a preguntarte qué de todo lo que vives y haces es realmente efectivo para lo que deseas.

Te encontrarás con que existen mil contradicciones a tu alrededor, desde la forma en que te alimentas hasta la forma en que produces e inclusive lo que percibes como éxito. Hasta que no retomes tu poder biológico, seguirás siendo leal a una cultura que no te permite avanzar y que te mantiene en la eterna sobrevivencia.

El Poder Mental

Aunque el cerebro y la mente están asociados, realmente no son lo mismo. La mente y el cerebro están en constante interacción, uno invisible y el otro visible. Entendido ya el cerebro, hablemos ahora de la mente.

La mente es el mecanismo que procesa el mundo interno del ser humano a partir de los sentidos: la percepción, la memoria, el pensamiento, la imaginación y la consciencia.

Adicionalmente y desde hace pocos años, se ha visto con más fuerza cómo la mente puede influir sobre la parte biológica, así como la biológica influye a la mente si no hay consciencia. Por ejemplo: si como comida pesada, me sentiré lento y mi mente no podrá rendir como de costumbre. Aquí nos enfocaremos solo en la mente.

Uno de los primeros elementos que vamos a comprender

es la percepción. Lo que llamamos "realidad" está limitado por nuestra capacidad perceptiva. Aunque estén en el mismo espacio, la realidad para un murciélago va a ser diferente de la de un perro o de la de un humano. Las potencialidades y limitaciones de cada especie, atienden a siglos de evolución y configuración cerebral.

El ser humano percibe principalmente a través del campo visual. Por eso nuestros ojos están de frente, en el mismo sentido en el que caminamos por la vida. Esto está diseñado perfectamente, para que podamos percibir lo que viene y prepararnos correctamente. Sin embargo, nuestro cerebro puede ser víctima de ilusiones ópticas que nos lleven a tomar decisiones erradas. Esto en neurociencia se denomina *sesgos cognitivos* o *patrones de pensamiento errados.*

Para percibir correctamente debemos experimentar calma. En entornos altamente caóticos, es muy difícil ejercer el correcto discernimiento y terminamos siendo objeto de decisiones incorrectas. Esto es lo que ha retomado la neuroeconomía recientemente para demostrar que, en el fondo, nuestra racionalidad es limitada.

El segundo elemento tiene que ver con la memoria. La memoria es la caja que contiene las experiencias (propias o ajenas) etiquetadas por emociones. Es decir, que hay una relación entre las memorias y la emocionalidad, que no es más que la manifestación a nivel del sistema nervioso, de esas memorias.

Te lo explico con un ejemplo: supongamos que durante tu niñez, vino un perro y te mordió. No sabes de dónde salió, pero viste a ese animal gigante atacándote, lo cual te generó pánico y además, dolor. Esa experiencia se convirtió en memoria y desde entonces, cada vez que ves un perro, por pequeño que sea, tu cuerpo entra en pánico y quiere huir. Esto no tiene que ver con el perro, sino con tu memoria y la relación que desarrollaste con los perros.

La gran mayoría de las memorias que tenemos, ni siquiera vienen de experiencias nuestras, sino de la interpretación que les dimos a las cosas que vivieron otros. En el tema del dinero esto es muy común y parte de mi trabajo es ir bien a fondo con esas memorias que no nos dejan sostener dinero en una cuenta bancaria o pagar los impuestos desde la paz. El problema no son el Banco o los impuestos, sino tus memorias producto de aprendizajes y la codificación emocional que tienen en tu vida.

A pesar de que todos tenemos la visión hacia el frente, muchos se pasan la vida reproduciendo memorias. No avanzan, sino que repiten el pasado una y otra vez y a eso le llaman "realidad". Incluso se sienten perdidos o molestos si están en entornos diferentes, porque esa repetición se llama costumbre y la justifican.

Más allá de las memorias, existe otra capa mental que son los pensamientos. Los pensamientos son la racionalización que hacemos de lo que percibimos y lo que recordamos de experiencias similares. Los pensamientos están asociados con el aprendizaje y la relación que tenemos con lo que ya ha sucedido.

El pensamiento puede ser concebido como la voz interior que nos va contando historias, unas reales y otras irreales. Es como si tuviésemos dentro un periodista que cuenta nuestra vida como una noticia: cuenta lo que ve y trata de llenar los espacios vacíos de información.

Cuando el pensamiento es estructurado, es decir que sigue un patrón sano, puede ayudarnos a desarrollar buenas ideas, reflexionar sobre una situación o resolver grandes problemas. Lo importante es saber que el pensamiento es la materia prima a partir de la cual creamos la realidad.

Ahora que ya sabemos la diferencia entre percepción, memoria y pensamiento, podemos hablar de algo menos "tangible" pero que también pertenece a la mente: la imaginación.

La imaginación es una construcción de la realidad a partir de la información existente en la mente. La imaginación crea en un espacio donde no necesariamente hay juicio ni lógica.

Un ejemplo claro es un niño coloreando un elefante de color rosa. Los elefantes, según la percepción y la memoria, son grises. La imaginación puede darle cualquier color al elefante, pero el pensamiento interviene para enjuiciar que el elefante gris es real y el rosa no.

La imaginación siempre se mantuvo en el terreno del arte, como parte de la creatividad. No es sino hasta finales del siglo XX cuando la neurociencia comienza a tomarla como material de estudio, gracias al avance de la tecnología de imágenes cerebrales, conocida como neuroimagen.

La última capa de lo que llamamos mente, es la consciencia.

La consciencia es el conocimiento que se tiene de sí mismo y del entorno. Es la capacidad reflexiva de todo lo anterior y un nivel mayor de inteligencia que nos permite separarnos a nosotros mismos de una situación, para observarla con mayor objetividad. La moral y la ética están asociadas al ejercicio de la consciencia.

La consciencia parece ser algo único del ser humano, pero sorpresivamente, el 7 de julio de 2012, se firmó la *Declaración de Cambridge sobre la conciencia*, en la cual se afirma, de forma no científica, que los animales poseen conciencia, aunque esto no resulte obvio para el mundo. No se ha querido difundir esta información como científica, pero hay varios estudios que ya demuestran que la consciencia está presente en el reino animal.

Ahora que ya tenemos toda esta información, llega el momento de hablar acerca del poder mental ¿En qué momento entregamos nuestro poder mental? Lo entregamos cuando solo seguimos a los demás o repetimos lo que otros dicen, sin revisar ninguna de las instancias ya mencionadas (percepción, memoria, pensamiento, consciencia). Si haces las cosas solo porque otro las hace o porque alguien te dijo que las hicieras, estás actuando solo a nivel biológico (sobreviviendo), pero no a nivel mental.

El nivel mental requiere madurez y responsabilidad, razón por la cual muchos prefieren no activar el poder de su mente. Entonces decimos que solo queremos dinero, atención, lujos y ostentación, pero que otro se encargue de producirlo en nuestro nombre y manejarlo.

¿Por qué será que nos da miedo gestionar grandes cantidades

de dinero? Seguramente porque hay un pensamiento disfuncional al respecto. Alguien nos dijo que el dinero genera problemas o durante décadas hemos pensado que el dinero hace daño a la gente. Lo interesante es que mientras más miedo nos da, más irracionales somos gestionándolo.

Por esta razón, es que la vía de la armonía financiera es diferente a la de la libertad financiera, porque es la vía de la paz personal, con o sin dinero. No se trata de vivir rechazando lo material, sino de que el dinero venga de forma natural y circule sin miedos en nuestra vida. En este sentido es importante aclarar que la ambición es un deseo natural de crecer, pero la avaricia es el miedo a perder lo que se tiene, porque el avaro está llenando vacíos emocionales a través de lo material.

Para rescatar nuestro poder mental, es necesario tratarlo como eso, como un aspecto de nuestra vida. La mente es un excelente aliado, pero un mal jefe. Por eso hay que darle un lugar de atención y cuidado pero sabiendo que, gracias a la consciencia, eres tú quien elige lo que la mente muestra. Aún estamos comenzando a entender la mente y aprendiendo a usarla efectivamente.

Pero esta no es la última capa del poder que yace en nosotros, pues queda todavía una a la que solo se accede cuando se ha trascendido la mente.

El Poder Intuitivo

La intuición ha sido, por mucho tiempo, un terreno gris

prometedor. Inicialmente parte del misticismo, cada vez va cobrando más fuerza en la neurociencia.

A pesar de ser tomada en cuenta en la psicología, no es sino hasta el siglo XXI cuando la ciencia comienza a hablar abiertamente de ella. El psicólogo Daniel Kahneman la incluye como parte del pensamiento rápido que nos lleva a tomar decisiones cuánticas, es decir, sin una explicación metodológica que la describa.

El pensamiento rápido es parte de la teoría de la racionalidad limitada, la cual le valió el premio Nobel de Economía y está muy bien explicado en su libro *Pensar rápido, pensar despacio*. Para que no te quedes con un vacío de conocimiento en este tema, te explico brevemente en qué consiste esta teoría de la racionalidad limitada.

El ser humano posee dos tipos de procesos de toma de decisiones, conocidos como Sistema I y Sistema II. El Sistema I es el sistema rápido, de decisiones inmediatas y completamente irracionales. Este sistema no está hecho para aprender, sino para reaccionar y está compuesto por reacciones biológicas, emocionales e intuitivas. El Sistema II es el sistema lento, de decisiones consensuadas y lo más racionales posible. Este es el sistema del aprendizaje y está compuesto por la razón y la consciencia. Durante muchos años se pensó que nuestro sistema principal era el Sistema II, pero justamente Kahneman demostró que no es así, pues es el Sistema I el que funciona en automático, convirtiéndonos en seres racionales solamente cuando nos lo recuerdan o cuando hacemos de la consciencia un trabajo diario.

Ahora que sabemos que la intuición es parte del Sistema I, podemos comprender que ella puede ser una poderosa guía para nuestro actuar en la vida. ¿Cómo diferenciar cuándo decidimos desde la biología, la emoción o la intuición?

La biología está relacionada con la sobrevivencia. Por ejemplo: cuando nos enamoramos estamos en decisión biológica, igual cuando tenemos hijos o cuando ponemos la mano sobre el fuego. Estas experiencias son producto de cocteles químicos y eléctricos que la naturaleza genera en nosotros, para que cumplamos el rol de dar continuidad a la especie. Si tus decisiones son parte de la sobrevivencia, son decisiones del Sistema I biológicas.

Las emociones están relacionadas con la memoria. Cuando vivimos una situación dolorosa, como puede ser una ruptura amorosa o la pérdida de un embarazo, esa experiencia nos impacta emocionalmente. La diferencia entre lo que deseamos y lo que efectivamente logramos, está relacionada con bloqueos en las memorias emocionales. Si tus decisiones son efusivas o te llevan en dirección contraria a lo que quieres, entonces son decisiones del Sistema I emocionales.

La intuición está relacionada con la paz interior. Es una pequeña voz que te habla como en un susurro y no a gritos, pero que te genera confianza. Entonces la decisión aparece en una milésima de segundo, sin alterarte ni emocionarte. Al ser la parte del Sistema I que menos hemos aprendido a reconocer, casi nadie le presta atención.

Los grandes empresarios toman la mayoría de sus decisiones de forma intuitiva, porque nunca les alcanzaría el tiempo para evaluar todas las variables que un gerente utiliza para decidir. La intuición se desarrolla cuando aprendemos a calmar la mente. Para ello existen diversas técnicas que nos ayudan a poner la casa interna en orden y así depurarnos de pensamientos innecesarios, para escuchar nuestro Ser Superior que siempre sabe el camino.

Otra forma como la intuición se manifiesta, es cuando ya tenemos mucho tiempo practicando algo en particular. Para mí un ejemplo claro es el teclado de mi computador. Cuando estaba en la secundaria tuve una asignatura llamada Mecanografía, donde aprendíamos en viejas máquinas de escribir, el arte de mecanografiar. Nos pasábamos horas y horas practicando las letras y los dedos con los cuales debíamos conectarlas: "asdf", "ñlkj". Hoy día escribo perfectamente en mi computador, a la misma velocidad que las palabras vienen a mi mente, sin tan siquiera pensar dónde está la letra A y con cuál dedo debo combinarla. Al no tener que pensar en la motricidad, mis manos expresan las ideas casi en simultáneo.

La consciencia y la intuición están íntimamente relacionadas, al momento de tomar decisiones acertadas. La consciencia elige qué variables mentales incluir para decidir y la intuición integra de forma no lineal esas variables. Esto es lo que denominamos "corazonadas", que saltan en nuestro interior y luego cuando las evaluamos, nos damos cuenta de que internamente lo hicimos bien.

Ahora que sabes que existen tres niveles de poder en ti, ¿cómo aplica esto dentro del concepto de una vida en riqueza consciente? A continuación integraremos esto en relación con los recursos disponibles.

La Riqueza Consciente en Acción

La teoría nos permite aplicar un concepto en diferentes situaciones, pero seguramente tú quieres que yo te diga exactamente cómo funciona el tema de la riqueza consciente en relación con los recursos, en la vida terrenal, como lo haría cualquier persona de la calle.

Vamos entonces al primer poder, que es el biológico. En términos simples, el ser humano evita pasar hambre, porque la sensación corporal de hambre tiene una connotación negativa para nuestro cuerpo. Es tan fuerte esto, que sólo con decirte "connotación negativa" tu cuerpo ya se altera, porque no es posible que yo trate al hambre con tanta ligereza. La verdad es que el estómago tiene sus propios procesos de salud y el ayuno es tan terapéutico para el cuerpo, como nutrirnos (que además es diferente de comer).

El primer nivel de riqueza consciente pasa entonces por el conocimiento acerca de mi propio sistema de sobrevivencia, para entenderlo y confiar en él. El ser humano reacciona de forma irracional e inmediata ante la sobrevivencia y de esto han echado mano los más creativos del neuromarketing. Sin ir más lejos, la mayoría de las compras que tú haces hoy día, las haces desde la frase: "Necesito comprar..." eso, en sí mismo, ya te aleja de la riqueza consciente y te convierte en un pobre mendigo del producto o del sistema.

¿Cómo salir de este nivel de consumismo sobreviviente? Inicialmente dejando de usar la palabra "necesito", para utilizar otras como "quiero", "me gustaría", "deseo". Estas palabras ponen una distancia prudente entre los gustos y tus verdaderas necesidades.

En mi trabajo con las personas que quieren desarrollar una vida de armonía financiera, lo primero que observo es qué compran y cómo compran. Las personas que compran con desesperación, no lo hacen para evitar perderse el producto, sino porque tienen un vacío interior que las hace sentirse vulnerables, inseguras o en desventaja. A fin de no conectar con ese sentimiento, se llenan de cuanta cosa consiguen en el camino, se lanzan sobre las ofertas y no es casual que terminen superando su capacidad de endeudamiento.

En este sentido me he encontrado con personas que vivieron abandono de sus padres, fueron humilladas en algún momento de su vida o provienen de culturas donde se resalta la apariencia como símbolo de éxito. Estas personas viven por y para lo material, toman decisiones a corto plazo y tienen dificultades para planificar sus vidas. Si este primer nivel no está en orden, los demás poderes se viven desde el estrés (mental) y la desconexión (intuitivo).

Vamos ahora al segundo poder, que es el mental. Ahora que ya llegaste a un punto donde *sientes* que no vas a "morirte de hambre", entonces dispones del poder mental a tu favor. Es cuando te abres a planificar lo que ofreces y lo que recibes, para obtener algo que el poder anterior no te da: comodidad. La mente siempre busca una zona de comodidad, predictibilidad y control.

En este nivel es donde está el deseo de tener un millón

de dólares para vivir tranquilo... no porque el millón genere tranquilidad y comodidad, sino porque sería la cantidad de dinero ideal para derrochar sin perder el control.

¿Y cómo sé que esto es una construcción de la mente controladora y no un deseo real? Fácil, porque no hay un presupuesto asociado. Si las personas se tomaran al menos un mes de sus vidas para sacar los números básicos para su subsistencia y comodidad, ni de cerca requerirían el millón. Además, en esta proyección también incluiríamos los retos asociados con tener y mantener el millón.

Aquí viene entonces el problema de perseguir el dinero: queremos mucho dinero para poder tapar los conflictos que el dinero ausente desata en nosotros. Si mis capas más básicas de sobrevivencia y aceptación no están sanadas, querré dinero para sentirme seguro y querido. Si en mi historia hay juguetes que nunca me compraron y hoy tengo hijos, querré mucho dinero para darles a ellos lo que nunca me dieron a mí.

De la misma manera como me tomo un antidiarreico para no experimentar la incómoda depuración natural de mi cuerpo, quiero mucho dinero para no experimentar el incómodo dolor de mis memorias o temores.

¿Cómo sé que estoy en un estado de poder mental?

En primer lugar, tengo información relacionada con el tema, estoy educado al respecto y me hago responsable de mis decisiones. Si quieres dinero para que otro te lo maneje, sigues en tu pobreza.

Esto lo viven con muchísima frecuencia los atletas de alto rendimiento, que en menos de una década generan muchísimo dinero, pero luego necesitan a alguien que se lo maneje para que les dure. Así es como se ha creado el sistema financiero actual, con una cantidad de guarderías de dinero en manos de especialistas, que siempre te dicen con palabras rebuscadas que ellos cuidan de tu dinero mejor que tú mismo, cobrando comisiones tanto si lo ganas como si lo pierdes. ¡Vaya forma de empoderarte!

En segundo lugar, ese dinero tiene un propósito claro, un plan que seguir, un flujo de caja o asignación de recursos. El dinero tiene la función de circular, no de ser acumulado. Para la acumulación está el oro, pero el dinero a pesar de ser acumulable, no debería estancarse. Si deseas el millón de dólares para irte a una playa paradisíaca a no trabajar nunca más, estás financiando la depresión que te llevará a la tumba.

Y en tercer lugar, te consideras con dinero pero no te defines rico. A nivel de la mente está la capacidad de manejar el dinero en sentido abstracto, de tomar decisiones con recursos que sabes que tienes pero que están bajo tu custodia temporal para su mejor uso y tu labor es hacer que rindan.

Si este nivel de poder mental no está en orden, tengas poco o tengas mucho, entonces vivirás detrás del dinero sacando cuentas todo el tiempo, pero estarás en desconexión total, pensando en términos de ganadores y perdedores, donde el fin justifica los medios.

Y finalmente estamos en el tercer poder, que es el intuitivo. En este nivel no hay división entre yo, el otro y el Todo.

Tengo la certeza de que ya dispongo de lo que requiero para el próximo paso y esa disposición, si es para mí, no requiere que vaya a perseguirla. De hecho, en este nivel ya comenzamos a atraer recursos.

Este poder intuitivo es el de la manifestación, donde creo en lo que no veo, donde confío en que estoy bien, donde ya no me interesa ser listo ni inteligente, porque hay una sabiduría interna que me guía. Ya no pienso en términos de conveniencia, sino de sentimiento.

Los grandes retos para los gerentes de las grandes empresas, es entender que los números que pide el dueño son para satisfacer su mente racional, pero no para decidir. Puedes entregarles el plan perfecto, pero si su Ser interior les dice que por ahí no es, van a escucharse a sí mismos y decidirán desde la intuición.

A nivel personal, cuando viven desde el poder intuitivo, las personas no tienen explicación lógica para sus decisiones y entonces los que aún se manejan desde la mente, los tildan de "tontos". No porque lo sean, sino porque la mente no entiende y entonces ofende.

Cuando me preguntan qué hacemos en el Máster en Armonía Financiera, siempre les digo que alineamos lo mental, emocional y espiritual, en la relación con el dinero.

Lo mental y emocional suena bien, porque la neuroeconomía ya incluye las emociones, pero... ¿lo espiritual? Sí, la conexión entre la consciencia y la intuición, nos lleva directamente a crear una relación de armonía con lo material, se tenga poco o se tenga mucho. El dinero siempre tiene una dirección clara dada por la mente enfocada y de la misma manera como yo escribo estas líneas sin ver en ningún momento el teclado, la intuición toma protagonismo en las decisiones financieras, porque ya la mente no la sabotea.

En Armonía Financiera partimos de varias premisas básicas, que sostienen el resto de lo que hacemos:

- Estamos sostenidos por la Divinidad, para vivir esta y cualquier otra vida que nos toque vivir.
- Confiamos en nuestros recursos internos porque son los que nos han traído hasta aquí sanos y salvos, incluso en medio de nuestra propia ignorancia.
- Las personas avaras son personas con heridas emocionales asociadas a la desvalorización, abandono o abuso, que buscan una sanación a través del dinero, aunque solo consigan alivio temporal.
- El dinero es una pequeñísima parte de los recursos visibles e invisibles disponibles, entonces no me aferro a lo escaso y transitorio, sino que me abro a concientizar mi riqueza, conectada con lo abundante y duradero.

Ya que tocamos esta mágica palabra *abundancia*, en el siguiente capítulo te ayudaré a poner en orden tres conceptos que la mente confunde con dinero: abundancia, prosperidad y finanzas, para que comiences a experimentar la Armonía Financiera, tengas poco o tengas mucho.

CAPÍTULO 5

El Reto de la Armonía Financiera

Ahora que ya sabes que la riqueza es un proceso interno, que se logra cuando accedes a las capas más profundas de tu ser y que se manifiesta en tu relación con lo material, es hora de ver cómo ordenar lo externo para que resuene lo interno.

Los seres humanos siempre queremos ir al grano y esta ansiedad nos lleva por el camino del caos. Con frecuencia trato con personas que buscan la pastilla mágica que pueda calmar todos sus dolores rápidamente y al poco tiempo vuelven por más, cuando el síntoma aparece nuevamente. En lo material es lo mismo: queremos dinero para resolver emergencias y más tarde queremos más para lo mismo.

Como sabes, en Armonía Financiera no perseguimos el dinero, porque no tiene más poder que el de medio mismo, porque tenemos claro que es la fuente de recursos más limitada de todas las que puedan existir, pero es el micromundo donde más rápido reflejamos las carencias internas. Para ayudarte a expandir tus conceptos de "recursos disponibles" más allá del dinero, vamos a pasearnos por tres conceptos que con muchísima frecuencia las personas confunden con él: *abundancia, prosperidad y finanzas*. Prepárate para algo que cambiará para siempre tu dependencia del dinero.

Abundancia

"Abundancia" es un término bonito para las personas espirituales, pero que suena a humo para los economistas. En esta oportunidad vamos a recorrer el espectro de significados que hay detrás de este término, desde lo más elevado hasta lo más terrenal.

Uno de mis conceptos favoritos proviene del comunicador Julio Bevione, en su libro *Abundancia*. Con la simplicidad que lo caracteriza, Julio la define como la experiencia de vivir sin miedo. ¿Esto quiere decir que vamos a lanzarnos desde un risco, sin ver, hacia abajo? No, se refiere al miedo irracional que experimentamos ante las cosas sencillas de cada día.

Como ya vimos, cuando carecemos de poder biológico y mental, nos llenamos de miedo y preocupación. Detrás de esta experiencia está la no abundancia manifestada. Un estado de abundancia implica la confianza en lo que hay y la tranquilidad de que la vida opera a nuestro favor. Algo tan sencillo como respirar, ya es abundancia manifestada en el plano material: nadie pone en duda la existencia de oxígeno para la siguiente inhalación.

Esta es la razón por la cual quienes practican yoga,

meditación y mindfulness, se convierten en personas pacíficas, calmadas y confiadas, porque pueden identificar la abundancia desde la experiencia de respirar.

Si nos adentramos aún más en el terreno filosófico, encontramos que la abundancia está asociada con la posibilidad de acceso a lo que nos da la vida. En este sentido, podemos citar al autor y emprendedor espacial Peter Diamandis. En su libro *Abundancia* habla acerca de cómo los seres humanos vamos convirtiendo lo extraordinario en cotidiano, a través del acceso.

Un ejemplo claro lo podemos ver en esa maravillosa creación llamada libro. Hoy día damos por hecho la existencia de los libros, pero esto no era así hace tan solo setecientos años. Los libros en la Era Medieval eran un lujo al cual tenía acceso una élite muy reducida, porque la producción era de uno en uno, a mano. La Revolución Industrial nos trajo, con la creación de la imprenta, la democratización de los libros y con ello la posibilidad de que cualquier persona pudiera acceder a la información escrita. Además les brindó a los escritores la fortuna de ver multiplicado por miles, el libro que escribieron una sola vez.

Hoy día los libros son hasta electrónicos, reduciendo el costo de producción al mínimo posible y ampliando la posibilidad de que el mismo viaje, ahora en forma no física, como *bits* a través de Internet. ¡Qué mundo mágico y abundante este en el que vivimos!

Pero para las ciencias económicas tradicionales, esto sigue siendo algo difícil de manejar. Los niveles de abundancia en términos prácticos son asombrosos y muchos modelos matemáticos se van al piso cuando de ella se trata. Por eso a los economistas esto les suena a aire, porque ya no cabe en una hoja de cálculos. Veamos la abundancia en términos matemáticos.

Uno de los conceptos más comunes que se maneja en la producción de bienes y servicios, es el de costo marginal. El costo marginal es lo que nos cuesta producir una unidad adicional de un producto. Para ello es importante separar entre costo fijo y costo variable. Los costos fijos son aquellos en los que incurrimos sin importar cuánto produzcamos (por ejemplo: el alquiler de la oficina) y los costos variables son aquellos en los que incurrimos en proporción a las unidades que produzcamos (por ejemplo: la cantidad de papel para imprimir un libro).

costo marginal = costo total / cantidad

Ya que hablamos de libros, volvamos a este ejemplo desde el punto de vista del costo marginal. Supongamos que al escritor le tomó 50 horas escribir su libro en el año 1300 y en términos actuales, debería ganar 20 dólares la hora. Además, el costo de armar el libro en papiro y cuero fue de unos 50 dólares a precio de hoy. Veamos este costo marginal de la Era Medieval:

$$CM \, (\text{Med.}) = \frac{(20 \times 50) + 50}{1} = \$ \, 1.050$$

¡Wow! Sí que era un lujo tener un libro en la Era Medieval, porque si a esto le sumamos la ganancia, podía llegar a valer unos $ 2.000 ¡por cada libro!

Ahora viajemos un poquito más en el tiempo, hasta llegar a la Revolución Industrial, con la imprenta y la producción en serie. Ahora el escritor no escribe el libro sino el manuscrito, el cual luego se monta en la imprenta. Le tomó igual 50 horas escribirlo, se quiere ganar los mismos 20 dólares por cada hora y el costo del papel es de 5 dólares por libro, si imprime 200 libros. Veamos el costo marginal en la Era Industrial:

$$CM \text{ (Ind.)} = \frac{(20 \times 50) + (5 \times 200)}{200} = \$ 10$$

Esta cifra se parece más a las que encontramos hoy, porque si le sumamos los servicios de transporte, editorial y publicidad, cada libro puede costar hasta 15 dólares. Además, ante la posibilidad de vender miles, el escritor recibe regalías por cada libro vendido, es decir que recibe una cantidad única por el trabajo de escribirlo y una cantidad variable por el derecho de propiedad intelectual sobre cada libro vendido.

Si hasta aquí este ejercicio te resultó interesante, vamos a aplicarlo ahora al presente: la Era Digital, donde un libro es una información en *bits* alojada en tu dispositivo de lectura, que recibes inmediatamente luego de pagar. Aquí el escritor dedica las mismas 50 horas y recibe los mismos 20 dólares por hora. Además ya no se requiere papel para imprimir, sino un sitio web donde alojarlo ($ 100) y un sistema de entrega digital vía email, a las 20.000 mil personas de todas partes del mundo que crearon la orden de compra, durante un año ($ 1.750). Veamos el costo marginal en la Era Digital:

$$CM \text{ (Dig.)} = \frac{(20 \times 50) + 100 + 1.750}{20.000} = \$ 0{,}1425$$

¡Increíble! La misma información en un formato más simple, que viaja en tiempo real, que no requiere ni transporte ni almacenaje y que el lector puede llevar consigo, cuesta producirla 0,1425 dólares. Ahora el escritor ya sabe que puede llegar a donde quiera con su libro, sin preguntarse si podrá vivir de ello, tanto si lo ofrece en 1, 5 o 10 dólares por cada unidad.

Fíjate cómo un mismo producto pasó de costar miles de dólares, a costar cero dólar producirlo. Esta paradoja matemática es la que los economistas no pueden manejar hoy día, porque cuantas más ventas de unidades a un mismo costo haya, la posibilidad de producir infinitas unidades se hace más evidente.

Lamentablemente, las fórmulas de la economía clásica solo pueden ser válidas en un entorno de escasez, no de abundancia. Por ello es tan importante elegir qué información queremos aprender y por quién nos dejamos guiar en esta realidad de aquí y ahora.

Para cerrar este tema de la abundancia, vamos a tocar un último aspecto, que proviene de la biología.

Nuestro sistema perceptivo cuenta con limitaciones naturales, ya que el cerebro funciona por enfoque y no por amplitud, para poder sobrevivir.

Uno de los sistemas cerebrales más sofisticados que tenemos, es el llamado sistema de activación reticular (SAR en español o RAS en inglés). Este sistema está diseñado para percibir en el mundo exterior, las imágenes que creamos en nuestra mente. Muchas de las ilusiones ópticas que vemos en las redes sociales, son parte del ejercicio de comprobar si somos capaces de ver lo que los demás están viendo.

En la vida diaria, esto es mucho más complicado. Quienes han entrenado su mente para observar soluciones, siempre conseguirán una solución para cada problema. Quienes han entrenado su mente para observar problemas, siempre conseguirán un problema para cada solución. Entonces, la abundancia también es un tema de percepción del entorno desde nuestras limitaciones personales.

¿Recuerdas cuando te decía que en un mismo lugar la realidad es diferente para un murciélago que para un perro o para un ser humano?

La esencia del mundo en el que vivimos, es que hay de todo para todos, solo que no todos somos capaces de acceder a lo que está disponible, porque nuestras capacidades perceptivas nos limitan. Entonces las limitaciones son personales, dependen de la forma como conscientemente hemos gestionado los pensamientos a partir de las experiencias anteriores, de cuántas memorias emocionalmente paralizantes hemos sanado y de cómo elegimos ver el mundo que nos rodea.

Cuando alguien tiene problemas de dinero, es porque su mente está configurada solo para el dinero, no para la abundancia. Una mente de abundancia no está buscando dinero, porque sabe que hay posibilidades de acceder a lo que busca sin tener que pasar por ese filtro. Conozco personas que han pasado toda su vida con una cantidad mínima de dinero en el Banco, pero nunca les ha faltado lo que desean. Hoy día van directo a la Fuente y lo que menos les interesa es el dinero, aunque también lo reciben con alegría cuando llega a sus vidas.

En teoría, nadie necesita pedir abundancia, porque ya la

tiene. Solo necesitamos trabajar la mente y las emociones para percibirla. Si por tu cabeza pasó la palabra *prosperidad* como algo que pedir y visualizaste dinero, es hora de aprender qué es la prosperidad, en términos prácticos.

Prosperidad

Cuando hablamos de prosperidad, sentimos que es un estado ideal donde no debería haber problemas, ni necesidades ni escasez de ningún tipo. Al tener claro que la economía es la ciencia que maneja recursos escasos para atender necesidades ilimitadas, ya puedes imaginarte que aquella muy poco puede hablar de prosperidad. Aquí hablaremos de las contradicciones en este tema y de qué es y no es prosperidad, de forma muy práctica.

Desde mi punto de vista y en base a mis investigaciones, la prosperidad es la relación con lo que ya tienes, sea poco o sea mucho. Si tu relación es de suficiencia y merecimiento, aprovecharás al máximo tus recursos actuales (visibles o invisibles).

Si tu relación con lo que ya tienes es de desventaja y carencia, derrocharás o acumularás, para muy pronto darte cuenta de que nada es suficiente para esas necesidades que jamás se sacian (algo muy similar al concepto económico).

En los últimos veinte años es mucho lo que se ha aprendido acerca del patrón de pensamiento económico. En el año 1993 se publicó un estudio acerca de la relación entre la compasión y los diferentes estudios académicos. Se concluyó que los estudiantes de economía, en su primer año, mostraban los mismos niveles de compasión que los estudiantes de las demás carreras. Sin embargo, cuando llegaban al final de sus estudios, sus niveles de compasión se reducían considerablemente. También se comprobó que los profesores de economía eran los que menos aportaban para causas benéficas[1]. En el año 2012 se realizó un estudio similar pero a nivel general, concluyéndose que hablar en términos económicos disminuye el comportamiento humano pro social, aumentando la avaricia y el individualismo[2].

Desde la teoría económica, la prosperidad no solo te puede hacer infeliz, sino que te acerca más a la avaricia, ya que sus indicadores son: bajo desempleo, baja desigualdad económica y social, estabilidad política y buena asistencia sanitaria. Todo esto suena bien para quien vive desde el locus de control externo que los psicólogos señalan (gente que no cree tener poder directo sobre su vida ni su futuro, mucho menos la responsabilidad sobre los resultados).

Yo vivo en un país que cumple con todas las variables de "prosperidad", sin embargo está a nivel de ayuda humanitaria en su esencia. En apariencia todo luce lindo, limpio, ordenado y bajo control. Bélgica, siendo un país pequeñito en Europa y con apenas 11 millones de habitantes, tiene un nivel de productividad y capacidad de uso de los recursos que no tiene

---

1 Does studying economics inhibit cooperation? https://www.jstor.org/stable/2138205
2 The bedside manner of homo economicus: How and why priming an economic schema reduces compassion https://doi.org/10.1016/j.obhdp.2012.05.001

mi país natal, millonario en metros cuadrados de tierra y donde nadie se provee ni una ensalada con lechugas cultivadas por sí mismo. Sin embargo, hay algo que Venezuela no tiene nada que envidiarle a Bélgica y es el bienestar emocional. Las tasas de suicidio en la región flamenca de Bélgica son de las más altas del mundo, a pesar de ser una región con apenas 6,5 millones de habitantes.

De acuerdo a lo visto hasta el momento, la prosperidad económica tradicional carece de variables reales que incluyan el bienestar, pues solo se enfoca en la sobrevivencia de la masa y el individuo debe limitarse a seguir el sistema ya establecido, controlado y pseudoperfecto.

Ahora volvamos a mi definición propuesta de prosperidad: la relación con lo que tienes hoy. Si esta fuera la definición, veríamos que la prosperidad de la masa no tiene mucho que ver con la prosperidad del individuo consciente (el de locus de control interno, que se observa y se hace responsable de su propia vida, sin importar dónde esté).

La pregunta base es: ¿te sientes suficiente con lo que tienes y esa es una sensación objetiva? Aquí nos metemos en el terreno de lo personal, para ver lo que compras, si acumulas o derrochas. Descubriríamos que la prosperidad no la dan las variables de la economía, sino nuestra capacidad interna de valorar, utilizar y hacer circular lo que tenemos.

Cuando vivimos en una constante ansiedad, nuestra relación con lo que tenemos es de insuficiencia: compramos, guardamos y volvemos a comprar. Hay quienes incluso compran lo mismo dos veces, porque ni cuenta se dieron de que ya lo habían comprado. El caso extremo es rentar un pequeño almacén (conocido en inglés como *storage*), para guardar todo lo que se ha comprado y que ya no cabe en la casa. Aunque esto debiera ser la excepción, es casi una regla cultural: tener casa, vehículo, un almacén... ¡y quejarse de que no se tiene suficiente dinero!

La primera vez que hice un trabajo personal de prosperidad, comencé haciendo circular lo que ya no me *servía* (de: estar a mi servicio), soltando la necesidad de acumular "por si acaso", para empezar a confiar en el mundo, para ser sostenida. Se trataba de revisar mis sentimientos con respecto a los espacios vacíos, recuperar mi sensación de valor por quien yo era y no por lo que tenía.

La mayoría de las personas confunden la vida simple con la vida miserable. Una casa vacía les genera todo lo que inconscientemente quieren evitar sanar: abandono, necesidades no satisfechas de la infancia, angustia por pérdidas económicas, relaciones rotas, familiares fallecidos o negocios fallidos. Por eso buscan llenar los espacios con cosas, adornos, recuerdos, fotos, o regalos. Y si está de moda mejor, porque así tienen una razón lógica para argumentar.

Y ahora que hablamos de lógica, una técnica sencilla para hacer nuestro trabajo de prosperidad consiste en preguntarnos: ¿para qué conservo esto en mi vida? (no el por qué, sino el para qué).

El para qué nos lleva de inmediato a la funcionalidad, a la expresión en lo externo del sentimiento interno. Seguramente conservas ese jarrón de cerámica porque era de tu mamá y piensas que le dolería si te visita y no lo ve (lealtad).

Seguramente tienes ese vestido de recuerdo del bautizo de tu hija para aferrarte al sentimiento de plenitud asociado con la maternidad (oxitocina). Seguramente tienes la pared llena de diplomas y títulos porque te recuerdan lo inteligente y culto que eres (reconocimiento). Detrás de un para qué, hay un sentimiento. Es el sentimiento lo que hay que atender.

Tanto la acumulación como el derroche, son desequilibrios en la relación con lo material, son desequilibrios en tu prosperidad.

¿Cuándo una persona es realmente próspera?

La prosperidad se da cuando tenemos la certeza de que disponemos de los recursos suficientes y necesarios para hacer lo que nos corresponde hacer hoy. Los recursos pueden ser materiales o inmateriales.

La prosperidad también es saber que hoy puedo planificar para mañana, pero que no requiero tener todos los recursos en mis manos para dar el primer paso. Si ya tengo el plan en mi mente, ya tengo fechas y acciones, los recursos van a ir llegando a medida que vaya avanzando. La eterna espera de la pobreza, está en el mito de querer tener el millón de dólares para empezar a vivir, aun cuando lo más importante de la vida es inmaterial y ni siquiera requiere dinero.

Cierro este apartado con una frase que a mis alumnos les encanta y que comparto para que la lleves como mantra de prosperidad: "Si con lo que tienes hoy no has resuelto lo que quieres resolver, con lo que te falta, menos lo vas a resolver". Cada reto a nivel material está asociado con un reto interno, con el llamado de la vida a utilizar lo que ya está dentro de ti.

Ahora vamos a pasar a la gran, gran, pero gran confusión entre el dinero y las finanzas. Presta mucha atención y prepárate para una nueva explosión de neuronas.

Finanzas

Las finanzas son la descripción en el mundo inteligible del hombre, de los intercambios que se dan en la naturaleza. Apuesto que te imaginabas un concepto más complejo, rebuscado y con palabras que no entenderías. Pues no, no hay nada que ocurra en las finanzas, que no exista ya en el mundo natural. Pero vayamos más a fondo en este concepto, para luego retomarlo en su complejidad lingüística cotidiana.

La naturaleza es un gran ecosistema de transferencia de recursos y energía. Ya sea que la flor en primavera disponga del polen para que la abeja haga su parte o que los pajaritos hagan nidos a prueba de terremotos y tormentas, todo es un constante uso temporal de recursos que en esencia, deben circular.

Las finanzas no son más que el uso de los recursos disponibles para hacerlos rentables, es decir para disfrutarlos, hacerlos circular e incluso multiplicarlos. Y podemos ir más profundo aún agregando: tengamos pocos o muchos recursos.

El sistema financiero es como una homeostasis de los recursos disponibles, ya que cuando aparece algún avaro en el camino, el sistema financiero se depura y se vuelve a equilibrar. Por eso hay que ser muy consciente y ético en este sistema, que describe la naturaleza humana en su totalidad.

El sistema financiero se sostiene sobre un valor que es tan delicado como una copa de cristal: la confianza. De la misma manera como la flor confía en la abeja, así un inversionista confía en un empresario o un Banco confía en su tarjetahabiente. Es una danza de frágil confianza la que se teje aquí, puesto que toda actividad financiera tiene en algún momento, la balanza inclinada hacia alguna de las partes.

Y aunque puedo dedicar el libro completo a hablar de la filosofía de la confianza y el sistema financiero, me voy a basar en solo dos aspectos: deuda y riesgos.

En el mundo corporativo, está claro que el éxito financiero es aprender a rentabilizar por financiamiento, es decir, con fondos ajenos. En el mundo personal, el concepto es al revés, es decir el fracaso está en utilizar fondos ajenos. ¿Cómo puede un mismo hecho causar tanto interés en unos y tanto rechazo en otros?

A mis 16 años, en mi primer empleo, trabajé en la banca corporativa de un importante Banco de mi país. Después de la mesa de dinero, este es el segundo departamento más importante de un Banco, porque es donde se otorgan créditos a las empresas. Allí aprendí que las empresas se apalancan con los Bancos en momentos puntuales de su actividad. En específico, lo hacen para financiar su flujo de caja, cuando tienen que pagar salarios y las cuentas por cobrar aún no han sido cobradas. Es decir, no lo hacen para crecer sino para resolver situaciones puntuales, pero con la certeza además, de cuándo entrarán los fondos para pagar ese préstamo.

Es como un atleta de apnea que toma una larga inhalación y baja al fondo del mar, para luego regresar en minutos; no como el submarinista, que se lleva un tanque de oxígeno y pasa horas bajo el mar. Este último caso lo podemos comparar con el uso que hacen las personas de sus tarjetas de crédito. La situación es similar en esencia, pero con resultados catastróficamente diferentes. La empresa tiene claro cuándo le entrarán los fondos para pagar el préstamo bancario, pero las personas ni se lo preguntan. De ahí que terminen arrastrando deudas que no pueden pagar y convencidos de que el Banco les quiere hacer daño.

Con las deudas tenemos un problema de interpretación y es porque aún no nos han enseñado que una deuda es un voto de confianza, expresado en este caso en dinero, para que hagamos un uso correcto y honesto de ese voto de confianza. De lo único que el Banco no puede asegurarse, es de si somos responsables, pero aun así confía en nosotros.

La finalidad de las deudas no es evitarlas, sino honrarlas. Así como una empresa tiene su plan de desembolsos a futuro, donde explica cuándo requiere el dinero y por cuántos días, para devolver ese dinero y luego poder volver a pedirlo, de esa misma manera deberíamos actuar los seres humanos: orden, claridad y capacidad para honrar las deudas.

Cuando veo la forma como funciona el sistema bancario, no me queda duda de que su capacidad de apostar por ti y tu bienestar, está más que clara. Pero nuestro deseo de tener más, de utilizar una tarjeta para cubrir vacíos emocionales, de aparentar prosperidad con cosas que compramos con dinero ajeno y confundir un préstamo con una extensión de nuestro ingreso, nos lleva por un nivel de estrés, preocupación y angustia innecesario. Pienso que el descontrol financiero es una forma de autosaboteo y automaltrato que nos hacemos a nosotros mismos. Cuando ya no tenemos a quién culpar de nuestras desgracias, convertimos al Banco en nuestro verdugo.

Uno de los comportamientos más nocivos de las personas en el sistema bancario, es el de pedir dinero para cubrir emergencias, sin ningún plan. Por esta razón, es normal que esto se convierta muy pronto en una bola de nieve que las arrastra cuesta abajo, en su relación con lo material.

Como regla general, tus deudas contraídas no deben tener una cuota de amortización mensual superior al 30% de tus ingresos (ejemplo: si ganas 1000, tus cuotas de pago de deudas no deben exceder 300 mensual) al Banco para "sobrevivir" sino para solventar situaciones muy puntuales. Por esta razón, tú no deberías tampoco endeudarte para sobrevivir.

Ya para cerrar este tema, quiero hacerte una aclaración importante en el tema financiero, en cuanto a deudas. Con mucha frecuencia escucho a las personas decir con ligereza que están "quebradas". Esto, además de un automaltrato, es incorrecto como término.

Estar quebrado o en bancarrota es cuando tus deudas superan en valor a todos los bienes que posees. Ni aunque vendas tu casa, ni tu vehículo ni tus cosas, podrás honrar esa deuda. Cuando no dispones de los recursos necesarios para cumplir con un pago a una fecha determinada en el corto plazo, presentas iliquidez. Cuando no dispones de los recursos necesarios para cumplir con tus obligaciones a largo plazo (más de un año) presentas insolvencia. Tienes iliquidez cuando no pagas a tiempo tu cuota de la tarjeta de crédito y eres insolvente si no pagas a tiempo los impuestos del año. Cuando honras tus obligaciones más tarde de lo estipulado, estás en mora (o demora en el pago).

Si entendiéramos estos conceptos tan sencillos, atenderíamos al Banco cuando nos llama para cobrarnos la cuota atrasada y podríamos entrar a la oficina del gerente con mayor seguridad para renegociar nuestras deudas, con la finalidad de honrarlas mejor. El gran problema viene cuando te escondes, no atiendes, o te haces el que no es contigo. Ahí quiebras la confianza con el sistema todo, no solo con el Banco. Es igual que con los amigos: si no le das la cara a la persona que confió en ti y te prestó el dinero, ella tendrá todo su derecho a dar referencias negativas de ti en todo el sistema social. Como ya te comenté, el sistema financiero se sostiene sobre un valor universal: la confianza. Cuida la confianza que otros tienen en ti, no dejes caer esa copa de cristal ante una mora, una iliquidez o una insolvencia.

Ya puesto más o menos en orden el tema de las deudas, vamos a pasarnos al otro lado de la mesa y hablemos acerca del riesgo.

El estudio del riesgo es la base de una empresa de seguros y está asociado con la probabilidad de que lo planificado no se dé o se salga de los cálculos iniciales. El riesgo se basa en la estadística y utiliza la información del pasado para tratar de predecir el futuro.

En el sistema financiero, el riesgo es una medida muy importante, porque es lo único que permite vislumbrar el futuro. ¿El problema?: que sólo trabaja con el pasado. Si tú fuiste insolvente durante cinco años, deberás ser muy cumplidor durante cinco años más, para hacer desaparecer de la estadística esa mancha. Por eso es importante la honestidad a través del tiempo, porque el sistema financiero tiene sus limitaciones.

Esto también ocurre en los seguros (que son parte del sistema financiero). Los seguros son una figura financiera llamada opciones de venta. ¿Esto qué quiere decir? Que es el derecho (pero no la obligación) de vender un bien a un tercero y el compromiso de este de comprarlo. Por ejemplo: compraste un seguro para tu vehículo y tuviste un accidente con pérdida total. Vas al seguro y haces la venta de la chatarra, ante lo cual el seguro te paga el precio acordado inicialmente, cuando firmaste el contrato. Obviamente, el seguro necesita calcular la probabilidad de que tú tengas accidentes con tu vehículo y según el riesgo, será el monto del seguro que deberás pagar.

La razón por la que contratamos seguros, es para protegernos de que algo se nos salga de control y para que alguien más se haga responsable de ello. Lamentablemente, nos hemos hecho dependientes de los seguros para las cosas más elementales de la vida, al punto de darles todo nuestro poder para así librarnos de responsabilidades que solo son nuestras.

Un caso común son los seguros médicos. Todo el mundo ruega por un sistema médico que se encargue de cubrirle hasta la pastilla para el dolor de cabeza, lo que lo lleva directo a la vida en automático, inconsciente y desconectada. Nos tratamos como máquinas: nos alimentamos mal, nos llenamos de estrés, nos mantenemos sentados en una silla todo el día sin movernos, pero cuando le preguntas a una persona por qué se explota de esa forma, te responde que tiene "facturas que pagar", las que incluyen irónicamente, el seguro médico que la va a atender cuando ese estilo de vida le destruya la salud.

¿Son malos los seguros? No, lo malo es pagar para que alguien se haga cargo de tus inconsciencias, eso es lo realmente malo.

Como ves, los riesgos no solo son probabilidades, sino estilos de vida. En su esencia, el riesgo es la única forma como el cerebro puede gestionar el universo infinito de posibles resultados en el futuro. El cerebro humano (que es un órgano de sobrevivencia), no está diseñado para la incertidumbre, para no saber lo que va a pasar y naturalmente busca en sus memorias del pasado información que le sirva de guía para poder avanzar[3]. Es así que el riesgo se basa en utilizar todo lo que sucedió en el pasado, para poder estimar lo que posiblemente suceda en el futuro y prepararse en caso de que las cosas no salgan como se espera.

Por eso es muy difícil avanzar cuando la realidad está formada por información del pasado y no con la libertad de conectarse con las infinitas posibilidades del futuro. Por eso es que tu situación financiera, aun teniendo la posibilidad de que sea diferente en el futuro, la sigues viendo como una

_____

3 The neuroeconomics of decision making under uncertainty
https://www.ncbi.nlm.nih.gov/pmc/articles/PMC3065064/

reproducción del pasado, una y otra vez. Y si te atreves a cambiarla desde hoy, siempre habrá alguien que te recuerde que no puedes. No, no pudiste, pero sí puedes a partir de hoy.

Hasta ahora vimos solo dos aspectos, que son la deuda (que ahora llamaremos solo financiamiento) y el riesgo. Pero fíjate que también hablamos de otras cosas, como tarjetas de crédito y seguros. Todo esto también pertenece a las finanzas y de hecho en volumen, representa mucho más que la cantidad de dinero disponible.

Entonces, cerramos cambiando un esquema de pensamiento bien limitante: finanzas es igual a dinero. No faltan gurús financieros que hablan una y otra vez de millones y lo "abundante" que es el dinero. No, el dinero no es abundante, porque está diseñado para que sea limitado de muchas maneras: en el tiempo, en el espacio y en su cantidad. El dinero es parte del sistema financiero, no forma parte del sistema universal. Es una expresión limitada e inteligible de lo que puede haber en el universo, pero no es el universo. Ni siquiera puedes comparar el dinero con una semilla con respecto a la abundancia, porque esa comparación no es válida. Cada vez que pienses en riqueza (una capacidad intrínseca) en términos de dinero (un recurso limitado), vas a volverte esclavo del dinero, sea poco o sea mucho. Esta es la trampa de la que debes salir cuanto antes.

Para que tengas una idea clara de lo limitado del dinero cuando se habla de finanzas, la gente de The Money Project[4] decidió en el año 2017, hacer un gráfico bien claro y

---

4 http://money.visualcapitalist.com/worlds-money-markets-one-visualization-2017/

representativo. La primera cifra exacta es la del sistema financiero en su totalidad, el cual está valorado en mil billones de dólares (1.000.000.000.000.000 o *cuatrillion* en la escala corta inglesa). De este total, el dinero como papel solo representa 7,6 billones de dólares (7.600.000.000.000 o *trillion* en la escala corta inglesa). Si eliminamos todos los ceros para simplificar el cálculo (7,6/1.000), podemos decir que el dinero sólo representa 0,76% de todo el sistema financiero.

Sabemos que estamos trabajando con números muy grandes, pero imagínate lo limitado que es ver las finanzas (que ya de por sí son una parte pequeñísima de lo que se puede contar, ante los recursos que existen), únicamente como dinero y que vivas persiguiendo ese 0,76%, solo porque te permite comprar el pan y la leche para el desayuno. ¿No es acaso esto una evidencia de la mentalidad de escasez, cuando confundimos abundancia con dinero? Y si tus finanzas estuviesen representadas por el 99,24% restante, ¿serías pobre solo porque no son billetes y monedas?

Creo que con esto ya profundizamos bastante en el argumento principal de lo que implica el reto de vivir en Armonía Financiera, donde lo que tengas en el mundo material jamás podrá definir tu riqueza verdadera y donde tú puedes vivir tranquilo, tengas poco o tengas mucho.

Hay muchas cosas que pueden entrar por la puerta de la abundancia o de las finanzas, que ni de cerca van a tocar tu cuenta bancaria, pero si te acostumbras al carente hábito de verlo todo a través del dinero, vas a entrar en pánico apenas algo se salga de tu diminuto y limitado control.

Volviendo al tema del primer capítulo, la riqueza para mí es un estado de confianza y tranquilidad tal, que no necesito que la persona siquiera me hable, para saber si es rica o si solo acumula dinero. La primera tiene una expresión corporal de plenitud y confianza en la vida, mientras que la segunda tiene una expresión corporal a la defensiva y vive protegiéndose de el gurú "rico" del que te hablé en el primer capítulo generaba, en esa sala de hotel cinco estrellas con 100 personas, un halo de defensa, protección y avaricia, así que ahora puedes comprender porque mis conclusiones de esa experiencia.

Ahora vamos a llevar todo esto a algo bien concreto: tus números. En el siguiente capítulo debes tener a mano lápiz y papel, porque vamos a ver en términos prácticos lo que significa vivir en Armonía Financiera y la paradoja que representa vivir simple para experimentar la abundania cada día.

CAPÍTULO 6

Viviendo Tu Armonía Financiera

C omenzamos este práctico capítulo con una historia que leí hace un tiempo y que deja en claro cómo podemos volver un caos nuestra prosperidad, cuando cedemos el poder y perdemos nuestra consciencia de la riqueza.

En un pueblo remoto, vivía un panadero muy apreciado y valorado por los lugareños. Era famoso por ofrecer los más deliciosos panes en su panadería, en la cual orgullosamente trabajaba para darle la mejor educación posible a su hijo.

Finalmente llegó el momento de que su hijo partiera hacia la capital, a formarse como profesional. Una gran fiesta de despedida se hizo en su honor. El joven partió para abrirse paso en la vida y tener todo lo que su padre nunca pudo: quería titularse en administración de negocios.

Con los años, el hijo del panadero regresó, convertido en un especialista en negocios, graduado con honores. Ya estaba listo para llevar adelante el negocio familiar, que su padre había manejado como podía y con lo poco que había aprendido a través de la experiencia.

El padre, contento y orgulloso, le dijo a sus amigos: "El progreso ha llegado a mi vida: finalmente tenemos en la familia un experto en negocios. ¡Ahora sí va a crecer este pequeño negocio familiar!".

El hijo, que escuchó a su padre alardear con sus amigos, decidió hablar con él para comenzar a asesorarlo: "Padre, he escuchado que esperas que el negocio crezca, pero creo que este no es el momento adecuado. Hay una crisis a nivel mundial y los especialistas del tema recomiendan a los empresarios prepararse para lo que viene".

El padre, preocupado, le dijo: "Entonces hijo mío, tú con tanto estudio y tanta inteligencia, ¿qué me recomiendas con todo lo que sabes y que yo no sé?".

El hijo experto le dijo: "Pronto dejarán de comprarte pan, porque las personas no tendrán dinero para ello. Es mejor que revisemos opciones más baratas de harina y de los demás productos, para que al menos puedas vender".

"¡Qué buena idea hijo!" – exclamó el panadero- y de inmediato canceló la orden de harina que había hecho al proveedor de costumbre, para ir en búsqueda de otras opciones más baratas, aunque de menor calidad.

La semana siguiente, el panadero observó que las ventas habían comenzado a bajar y se alegró de haber recibido el consejo a tiempo. Se acercó a su hijo y le dijo: "¡Gracias hijo por tu consejo!, la crisis está llegando al pueblo y de no habernos preparado, habríamos comenzado a perder. La gente ya está dejando de comprar pan".

El hijo le respondió: "Viene peor papá. Esta mañana leí las noticias de nuevo y al parecer viene una ola de desempleo, producto de la crisis. Las empresas están cerrando porque están perdiendo dinero y no pueden operar. Hay que prepararse para lo peor. Es posible que tengas que cerrar la panadería, antes de que pierdas todo lo que has construido en estos años".

El padre panadero se agarró la cabeza y le dijo: "¡Cómo puede ser!, el negocio de toda la vida, que nos ha dado tanto, que te hizo el gran experto que eres... Bueno hijo, yo no sé nada de negocios, el experto eres tú. Yo haré lo que tú me recomiendes. Acortemos las pérdidas y cerremos la panadería antes de que nos quedemos en la calle".

Al enterarse sus amigos de que la mejor panadería del pueblo había cerrado, fueron a visitarle y él feliz les comentó: "Mi hijo es un genio, me llena de orgullo haber trabajado tanto para darle la mejor educación. Pudo aconsejarme a tiempo de la gran crisis mundial, tomamos las decisiones que los expertos recomendaban y salimos ilesos. Pudimos haber perdido mucho, porque las ventas ya estaban bajando y en el resto del mundo las grandes empresas están cerrando porque las pérdidas son enormes. Mi hijo y yo ya hicimos un sofisticado plan de crecimiento del negocio, pero por ahora estoy en casa, esperando que la crisis pase".

Crisis

Hasta ahora no habíamos hablado de esta fascinante palabra, de uso y sobreuso en el mundo financiero. Hay una especie de obsesión pornográfica con esta palabra. Según Wikipedia (que resultó ser más efectiva que aquella Microsoft Encarta), la crisis es una coyuntura de cambio en cualquier realidad ordenada pero inestable, sujeta a evolución y que tiene algún grado de incertidumbre.

Aquí rescato dos palabras clave, que son *evolución* e *incertidumbre*. Según entiendo, la crisis es lo que sucede cuando la homeostasis (o el equilibrio) se rompe, dando paso a algo que no se sabe qué será, pero seguro que será mejor. Este concepto es totalmente diferente a cuando mi mamá me llama y me dice: "No se sabe qué va a pasar", porque la sensación acerca de lo que ocurre es negativa, no de evolución.

¿Por qué nos preocupa la crisis? Porque implica incertidumbre, movimiento y reajuste. Es el caos que viene a poner orden. Lo que nos preocupa es la incomodidad neuronal en nuestro cerebro, que carece de información para avanzar en medio de lo que no sabe. Y ahí el sistema nervioso echa mano del miedo, porque como ya te había dicho, su trabajo es la sobrevivencia, no el crecimiento. La sensación de crisis puede llevarte a tomar las peores decisiones (como la del panadero asesorado por su hijo, formado por la economía tradicional) o puede ser la mayor oportunidad de tu vida (en el caso, si el panadero hubiese confiado más en su capacidad intuitiva, esa que le permitía tener una panadería exitosa).

La mente siempre tiene miedo ante lo desconocido. Por el contrario, la intuición siempre confía en lo desconocido. Por eso vivir en armonía financiera es aprender a decidir con la intuición, es volver al centro de uno mismo, no depender de los demás con la idea de que saben más que nosotros.

Pero para que lleguemos a este punto, donde la crisis sea un cambio evolutivo y lo recibamos con los brazos abiertos, es importante que hagamos un profundo trabajo personal respecto de nuestra relación con lo material, para por lo menos saber desde dónde decidimos y para tener consciencia de qué estamos haciendo con el dinero, que es una pequeñísima parte de lo financiero.

Muchísimos expertos recomiendan el uso de presupuestos. Personalmente, los he visto desde los más sencillos hasta los más complejos, así que hay para todos los niveles de manía. Pero, como todo, es una herramienta basada en principios de racionalidad.

El profesor de Psicología y Economía del comportamiento, Dan Ariely, en su libro Las trampas del dinero, deja en claro que los presupuestos no son tan fiables. ¿El motivo? Siendo manejados por un humano, en esencia con racionalidad limitada, la posibilidad de hacer trampa es bastante alta. Además, separar los gastos en categorías no ayuda mucho, porque siempre vamos a terminar haciendo lo mismo que se hace con los presupuestos empresariales y gubernamentales: utilizar las partidas presupuestarias al máximo, ¡que no quede nada o lo perderemos!

En mi experiencia, los casos más exitosos de personas

que han logrado solvencia u orden en su dinero, son los de aquellas que lo han hecho con unos pocos cálculos, asociados a emociones reales y casi siempre basadas en la única contabilidad en la que todos somos efectivos: la contabilidad mental[1]. En la metodología de Armonía Financiera lo hacemos organizando el dinero en tres niveles o cuentas:

1. La seguridad financiera.
2. La comodidad financiera.
3. El placer financiero.

Comenzamos con el nivel más básico, donde se crea la mayor confusión de todas: la seguridad financiera.

La Seguridad Financiera

La primera palabra que debemos "depurar" de nuestra contabilidad mental, es *necesidad*. Como te explicaba en los capítulos anteriores, las necesidades refieren a los recursos más básicos para nuestra sobrevivencia. El abuso de esta palabra, hace de tu vida personal un estrés y de tu vida financiera un caos.

Siempre cuento que desde muy pequeña, vi a mi mamá trabajar más de doce horas en una máquina de coser y eso apenas alcanzaba para cubrir las necesidades, que eran comida y educación. Cuando yo quería algún juguete que aparecía en

---

1 La contabilidad mental es la tendencia de las personas a codificar, categorizar y evaluar resultados económicos. Es un criterio subjetivo acerca del origen del dinero recibido y la intención de uso del mismo.

la TV, ella me decía una y otra vez: "Te doy lo que necesitas en este momento, para que luego tú te des lo que quieras cuando seas grande". Y seguro en este momento sentirás lástima y dirás: "Pobrecita, creció privada de todo". Pues no, resulta que lo que mi mamá hacía, la psicología lo confirmó varios años después. Mi mamá desarrolló en mí la capacidad más importante para crecer con éxito en la vida: gratificación aplazada[2] o el control de los impulsos.

Conozco muy pocas personas con la capacidad de controlar sus impulsos. La gran mayoría todo lo quiere para ya, sale corriendo tras lo que ve y toma decisiones erradas una detrás de la otra. ¿De quién aprendieron a ir por la vida con tanta ansiedad? De sus padres, con toda seguridad. Hay una generación de padres que les dan a sus hijos, todo lo que ellos no pudieron tener. Convierten sus propias frustraciones y carencias sin sanar, en comportamiento obsesivo y consumista hacia sus hijos. No les dan la oportunidad de frustrarse, de esperar o de no recibir en un santiamén lo que piden. No les permiten desarrollar el poder de la paciencia y el enfoque.

Por eso es que cuando elijo trabajar con alguien que dice recibir suficiente dinero y no saber a dónde se le va, termino encontrando en su seguridad financiera una lista de excentricidades. A una persona que decide por ego, estatus o emociones, se le hace difícil elegirme como su asesora para vivir en armonía financiera. Exorcizar los caprichos disfrazados

---

2 Es la capacidad de aplazar un beneficio inmediato por otro a futuro, de mayor valor. Para el psicólogo Daniel Goleman, es uno de los elementos más importantes en la inteligencia emocional, de gran impacto en el éxito académico y la gestión de la salud física y mental, así como factor decisivo en la competencia social.

de necesidad no es tarea fácil, pero cuando esto se resuelve, se cambia radicalmente la forma como esa persona se relaciona con lo material.

Ahora que tenemos más o menos en orden el concepto de necesidades, pasemos a calcular nuestra seguridad financiera.

La seguridad financiera es la cantidad mínima de dinero posible, que te ayuda a "sentirte seguro". Desde un punto de vista neuroeconómico, es la cantidad de dinero que evita que tu amígdala se active y entres en modo de sobrevivencia. Pero como ya vimos, si eres mujer y te sientes "desnuda" al faltarte el perfume Chanel Nº 5 que vienes usando desde hace treinta años, obviamente que cualquier cosa va a hacer tambalear tu seguridad financiera. Por eso, este nivel cuesta sudor y lágrimas calcularlo, ya que es un encuentro frente a frente con las manías, los apegos y los gastos irracionales que sostenemos a nivel de sobrevivencia.

¿Qué puedes incluir en tu seguridad financiera?

Son los desembolsos básicos, en su mínima posibilidad. Si tienes una camioneta de este año parada frente a tu casa y piensas que para dormir en paz, esa camioneta requiere de un seguro, entonces caerás en la trampa de pensar que tanto aquella como este, son tu seguridad financiera. ¡Error! Ni una cosa ni la otra van allí, lo que sucede es que delegas tu sentido de seguridad respecto del transporte en, ya el nombre lo dice, un seguro.

Tu seguridad financiera incluye desembolsos tales como: lo que requieres para comer saludablemente y sin asociarte a marcas (la versión marca blanca), los gastos de salubridad personal (igual en versión marca blanca), los gastos de alojamiento bajo esquemas de eficiencia en el uso del espacio (es decir, en base a la cantidad de metros cuadrados vivibles, no a los actuales), los gastos mínimos en servicios (bajo un esquema de uso eficiente), los gastos de educación de tus hijos (en la más económica de las opciones posibles) y el pasaje en transporte público para ir y venir de tu empleo. Como regalo por ser tan obediente, te voy a dejar que incluyas el seguro de vida básico.

¿Te dije que este es el nivel más difícil de calcular, cierto? Claro, porque crees que el nivel donde estás o incluso uno mayor, es el de la seguridad, pero no es así. Ahí donde estás, si tienes un caos con el dinero, es porque ni siquiera eres capaz de diferenciar entre marca y funcionalidad, así que compras por marca y no por el uso final del producto.

Cuando hacemos este cálculo en el Máster en Armonía Financiera que dicto cada año, requerimos refuerzo en apoyo emocional. Hay personas que literalmente se han salido del programa, porque se vieron confrontadas con una realidad tan dura, que no la pudieron procesar. Pero por otro lado, quienes se arman de valor y pasan esta actividad, sienten como si les hubiesen quitado toneladas de peso de la espalda, recuperando la paz que tenían perdida desde hacía años.

Te voy a contar mi caso en el aspecto de la alimentación, que va más allá de lo que aquí hablamos (es decir, es mi práctica, no una recomendación). Es bien sabido en la industria de la conservación de alimentos, que los productos deben tener una fecha de expiración estadísticamente aceptable, aunque no sea el promedio ni mucho menos la real. Para cumplir con políticas de salubridad, los supermercados deben sacar de los estantes los productos cuya fecha de vencimiento está por cumplirse. En mi propia experiencia, la diferencia entre la fecha estimada de vencimiento y la real, puede llegar a ser de dos semanas, según el tipo de producto. Esta es la razón por la cual nosotros vamos al supermercado los sábados en la tarde, justo cuando mueven los productos próximos a cumplir su fecha de vencimiento, al estante de ofertas. Y al final, compramos lo mismo que compraron otros hace unos minutos, pero con el 30–50 % menos de dinero.

Pero la mayoría de la gente va al supermercado cuando tiene tiempo o peor aún, cuando tiene hambre. Ahí con toda seguridad termina gastando el doble de lo que pensaba que requería para sentirse segura a nivel de alimentación, porque todas las decisiones de compras son completamente reactivas, biológicas y sin ninguna consciencia. Esto lo saben las marcas, lo que les permite jugar con precios, colores, presentaciones y mil técnicas que funcionan en las mentes que compran desde la emergencia. Por eso te especifico que la estimación de tu seguridad financiera la hagas sobre productos de "marca blanca", para que aprendas a separar precio o marca, de funcionalidad.

Otro tema bien controvertido en este rango, es el de la educación. De esto me di cuenta por una alumna a la que lamentablemente tuve que sacar del Máster en Armonía Financiera, porque estos conceptos "atentaban" contra su identidad creada, de madre sacrificada. Tal como la historia que te conté al principio de este capítulo, aún seguimos creyendo que el renombre del lugar donde estudiamos, tiene un efecto real sobre los resultados en nuestra calidad de vida. Pero esto es más un mito que una realidad. Funcionaba así en el siglo pasado, donde la educación universitaria garantizaba un buen empleo, pero ya no es así en el siglo XXI. Hoy día nos hacemos profesionales para comprender lo que nuestro talento viene a ofrecer, pero no para mejorarnos la vida, ni siquiera para ganar más. Está más que demostrado que la capacidad de gestionar un negocio y hacerlo crecer, está en el ser y no en el saber.

Sin embargo, los padres siguen honrando el patrón del siglo pasado, de sacrificarse trabajando para que sus hijos vayan a las mejores (o más costosas) universidades. Las universidades son un *efecto halo*[3] que nos sirve para ser contratados como empleados con mayor velocidad. Es una estrategia del sistema, basada en reputación por asociación y no por resultado. Lo que se busca es reducir el riesgo de ser desempleado o un empleado promedio, lo que nada tiene que ver con el bienestar de la persona.

Yo estudié la secundaria en un liceo público y mi carrera profesional en una universidad pública... ¡y aquí estoy! Mi mamá solo incluyó en su presupuesto la educación básica, que sí fue pagada en un colegio con una alta relación precio/calidad (aunque no costoso). Como te dije, la genialidad de mi mamá fue darme lo que necesitaba, para que luego yo me diera lo que quisiera... ¡y por eso vivo tan cómoda y plena, tenga poco o tenga mucho!

Esto es lo que debes incluir en tu seguridad financiera:

---

3 El efecto halo es un error cognitivo por el que le damos a una persona, objeto o concepto, características basadas en el elemento que tomamos como referencia. Por ejemplo: si viene de una universidad famosa, debe ser inteligente o bien educado.

- Precio de hipoteca o renta del espacio mínimo.
- Comida a precios de marca blanca.
- Artículos de salubridad a precios de marca blanca.
- Costo de educación al precio más bajo posible.

Comodidad Financiera

Seguro que el cálculo de tu seguridad financiera te llevó a pataletas, quejas, horror y a todas esas memorias de escasez de las que siempre has querido escapar (e incluso te juraste no volver a experimentar). Si lograste la cifra, ya estás por encima de las masas. ¡Apláudete! Ahora viene otro nivel financiero más -como lo dice su nombre- cómodo.

La comodidad financiera es el nivel más cargado de recursos, porque es donde el ego se siente más a gusto. Aquí la mente sí te dice a gritos: "Vamos, tú mereces, toma esas cosas, todas las que quieras". Como siempre, la invitación es a la prudencia y la suficiencia, para que no termines financiando tus carencias emocionales ni el miedo a experimentar memorias desagradables del pasado.

Más de uno, haciendo uso indiscriminado de esta información, la tergiversará y dirá que estamos ante un nivel de merecimiento. ¡Pues no!, te lo aclaro de una vez. El nivel de comodidad financiera es el nivel de la suficiencia, de la medida correcta. Es hacerte la odiosa pregunta de: "¿Cuánto es suficiente?" y sentarte con el corazón en la mano a responderte.

Por eso una hoja de cálculo nunca podrá decidir por

ti, porque se trata de decidir por sentimiento y no por conveniencia. Es poner la mente al servicio del corazón y no al revés. En la vida me he encontrado con más de un pseudocoach-asesor financiero, promoviendo el consumismo disfrazado de merecimiento y utilizando técnicas de programación (o extorsión) mental, para convencerte de que mereces todo lo que tus impulsos dibujan en tu mente, guiados por el vacío interior. El merecimiento nada tiene que ver con el derroche ni con el despilfarro. Eso sería mezclar agua y aceite. Aquí vamos a entender qué es comodidad, así como los conceptos que comprenden tu comodidad, para que te permitas la plenitud personal, sin pasar por la preocupación económica.

La gran falla de la economía tradicional, ha sido la exclusión de los sentimientos como variable distorsionadora de la realidad. Cuando cargamos con heridas, memorias de dolor o simplemente creamos una coraza para protegernos de futuros abusos, todo ello empaña lo que hacemos. Con frecuencia escucho la frase: "Yo hago con mi dinero lo que me da la gana" y detrás de eso hay un gran saco de emociones reprimidas que logran escape y equilibrio a través del derroche. La frase ideal sería: "Yo hago con mi dinero lo que me da paz".

¿Acaso es posible vivir el dinero desde la paz?

En el año 1930 John Maynard Keynes consideraba que un siglo después (2030) todos tendríamos un estilo de vida cómodo, trabajando solo cuatro horas diarias. Por sorprendente que parezca, esa posibilidad ya está aquí, es una realidad para muchos. Lo que aún la mantiene como una utopía en la economía, es que no se aclaró que la vía no era matemática, sino emocional. Disponemos de recursos para estar cómodos y tranquilos, pero no tanto como para saciar nuestros vacíos internos y lograr esa gratificación aplazada y el autoconocimiento de nuestro mundo interior. Incluso hay quienes se preguntan cómo antes se podía tener hasta diez hijos y que todos pudieran comer... ¡Fácil! Había disciplina, orden y prudencia con los recursos.

Lo que hace tan grande nuestra cuenta de comodidad, es la existencia de trampas sociales y mentales que nos mantienen atados a las cosas que no necesitamos, sea porque ya las poseemos, sea porque alguien más las tiene y nosotros no. Cada vez es más difícil aclararnos en cuanto a lo que realmente deseamos, porque no sabemos diferenciar las elecciones propias, de aquellas que provienen de la manipulación o de la masa a la que pertenecemos.

Esta incapacidad de separar las decisiones internas de las externas, la podemos ver en algo tan sencillo como una cena con los amigos en un restaurante. Al principio nadie sabe lo que quiere, hasta que alguien elige algo y entonces todos comienzan a seguir un patrón de decisión similar. Esto se conoce en neurociencia como *efecto manada*[4] y es uno de los mecanismos más sofisticados en nuestra mente, para sobrevivir, excelente para manipular pero un gran obstáculo para liderar.

Mucho de los cambios sociales importantes, se han creado a través de un efecto manada que surgió de manera espontánea. Pero de igual manera, este ha sido el caldo donde se han cultivado sectas, marcas y hasta influencers. ¿Son malos? No, lo

---

4 Es un sesgo cognitivo que nos permite seguir a una masa sin dirección centralizada. En palabras simples, es cuando hacemos o dejamos de hacer, porque otros, que identificamos como similares, hacen o dejan de hacer. Se genera a través de la oxitocina grupal.

malo es carecer de identidad propia por adoptar una que nada tiene que ver con nosotros. Recuerda que la esencia de todo, es estar en un espacio donde compartamos valores, no donde los distorsionemos para poder ser aceptados. Como dice Julio Bevione: "Compartir sin mezclarnos".

Ahora volvamos a utilizar el ejemplo del restaurante, pero esta vez en uno donde todas las mesas sean pequeñas, con una sola silla. Aquí vienes contigo mismo a elegir lo que te nutre, sin mayor influencia que tu deseo de bienestar. ¿Qué elegirías del bufet de las posibilidades?

Diferencial de gusto: en primer lugar, seguro que elegirías la diferencia entre los productos marca blanca de la seguridad financiera y los de la marca que realmente te gusta, es decir, el valor agregado entre la necesidad y el gusto. Así que vas a tomar todos los productos que hoy consumes, anota su precio y réstale el precio en su versión sin marca:

Diferencial de Gusto = Precio c/ marca − Precio s/marca

Ya sabes con exactitud el impacto de tus gustos en tu dinero. Ahora vamos con los ahorradores de tiempo, esas cosas que sabes que no necesitas, pero que al adquirirlas te ahorran tiempo.

Gastos de apalancamiento: esta es la sección donde agregas aquello que te hace la vida más fácil en términos de tiempo, delegando o pagando opciones más eficientes. En esta sección podemos incluir elementos como un vehículo, en lugar del transporte público. Si vas a incluir el vehículo, no solo vas a colocar la cuota del préstamo, sino también el desembolso mensual de seguro, combustible y estacionamiento o aparcadero, para luego restarle el costo mensual del transporte público. Otro renglón puede ser el pago mensual por servicios de limpieza de tu casa o los gastos mensuales de tener una nana en casa que cuide de tus hijos, a lo cual le puedes restar el costo de ese tiempo si lo hicieras tú o lo que pagarías a un familiar por cuidar de ellos.

Gastos de Apalancamiento = Precio con eficiencia − Precio sin eficiencia

Aquí puede ser que veas una diferencia significativa entre delegar o hacerlo tú mismo, en términos de dinero. En esta sección hay personas que descubren que, en su caso, tener un vehículo no tiene sentido frente a una bicicleta o que contratar a una niñera es mejor que contratar a una enfermera. Lo importante es que lo analices desde ti mismo, sin compararte.

Otros gastos de comodidad: Aquí vamos a colocar los demás elementos que hacen tu vida cómoda. Están los gastos de esparcimiento, el cine una vez cada dos semanas, los viernes de cena en un restaurante, la cantidad de dinero en ropa o zapatos e incluso el pago mensual del gimnasio. Lo importante es incluir solo aquello que es parte de tu estilo de vida actual, ya que es donde estás poniendo el dinero en este momento.

Después de sumar el diferencial de gusto, los gastos de apalancamiento y los otros gastos de comodidad, tienes entonces un número exacto que describe tu nivel de comodidad financiera. La idea es tener ese monto en un lugar visible.

Es posible que esta actividad te lleve a replantearte muchos desembolsos, pero en este momento no estamos para ponerle juicios ni para restar nada. Es importante que observes de frente ese número de tu comodidad financiera, lo aceptes y luego, al finalizar este libro, hagas los ajustes razonables. ¿Por qué hablo de ajustes razonables? Porque la vida imaginada es muy diferente a la vida ejecutada. Esto es muy común cuando decidimos utilizar el dinero para "invertir" en experiencias placenteras, que es el siguiente y último nivel de tu armonía financiera.

Placer Financiero

Hace un tiempo vi en la televisión, un comercial de una empresa de tarjetas de crédito que no se parecía a los que estaba acostumbrada a ver. Mostraba a una pareja de vacaciones por el Caribe, en un lugar exclusivo, de compra en *boutiques* de renombre y con una sonrisa que rozaba el viento. Por ninguna parte aparecía el calor de treinta grados al mediodía y mucho menos un rostro transpirado por la humedad caribeña. El comercial terminaba con una frase clave: "Para todo lo demás, existe [nombre de la empresa]".

Entre los años 2009 y 2011 visité las islas donde se filmó ese comercial. Me alojé en hoteles tan exclusivos como los que aparecían en él y cené en restaurantes con los pies metidos en el mar. Aunque la sensación era agradable, también estaban presentes el sol incandescente, el sudor imparable y los mosquitos en la noche. Ahí aprendí que cuando se trata de placer, se pierden detalles importantes que alteran la expectativa de la experiencia y de los cuales no nos hacemos conscientes hasta que los vivimos. Vamos entonces a hablar de los gastos placenteros y de cuán importante es tomarlos en cuenta, en la cuenta.

El placer y el lujo son términos utilizados para alterar percepciones, frente a experiencias cotidianas. En esencia, un lujo es algo que se sale de lo cotidiano y puede ser tan simple como tomarse un día libre para dormir, llenar de agua la bañera y meterse en ella por un rato o caminar descalzos sobre la gramilla del parque. El placer está asociado con la consciencia de la situación agradable, que nos permite valorarla. Pero hay tantas experiencias como seres humanos, por lo cual una misma experiencia puede ser un lujo para algunos y algo cotidiano para otros.

En la ciudad de Brujas donde vivo, los cisnes duermen en el canal, frente a mi casa, durante el verano. Comparado con el lugar en el que nací, con una quebrada de agua sucia corriendo detrás de la casa, mi casa en Brujas es un lujo. Sin embargo, para mi vecino, quien tiene 90 años viviendo en la casa de al lado, el canal con los cisnes es algo cotidiano y percibe como un lujo vivir en Latinoamérica, en un país con treinta grados de temperatura todo el año.

Por eso, ni el placer ni el lujo están relacionados con cantidades exorbitantes de dinero, sino con la calidad y la consciencia de la experiencia que se vive. Sin embargo, los seres humanos hemos asociado el lujo con un bolso de marca o con un viaje en *jet* privado... ¡y nos lo creemos, que es lo peor!

Por esta razón calcular el placer financiero es tan delicado, porque debemos entrar en lo más profundo de nosotros para saber qué nos da placer en la vida y asignarle una cantidad, preferiblemente anual, porque deberíamos realizar esa actividad una sola vez al año, para considerarla lujo y placer

En la industria del entretenimiento y el descanso están las propiedades de tiempo compartido, un tipo de membresía exclusiva que las personas pagan, con la *no garantía* de disfrutar las vacaciones de sus sueños. Aquí aclaro que hablo de no garantía, porque aunque puedas disponer del lugar para vacacionar, no hay garantía de que sea cuando tú quieras, sino cuando haya espacio. Es decir que este tipo de propiedades, te lleva a tener tus vacaciones cuando les resulta conveniente a otros, no a ti.

Pero de esto no te enteras si no te tomas el trabajo de leer las diminutas letras aclaratorias del contrato. El asunto es que el documento no lo firmas con tus cinco sentidos bien puestos, sino que lo haces luego de experimentar un escenario que nada tiene que ver con tus placeres, sino con los que aparecen en la publicidad, como la del comienzo de esta sección: un día de acceso total a la piscina, el sauna, el bar abierto, masaje tailandés, la musiquita relajante... una vez que tu cuerpo ha generado los neuroquímicos propios de una experiencia que nunca has tenido, te presentan la oportunidad de disfrutar de esto para toda la vida, por un módico precio que parece poco para lo que recibes, pero mucho para tu bolsillo. Y ¡zas!, aparece un *Mont Blanc* junto al documento, que tomas para firmar el contrato de la ilusión que nunca vas a experimentar.

A partir de ese momento, se suma una cuenta que nada tiene que ver con el placer financiero, porque lo único que te va a dar es estrés. En primer lugar, te darás cuenta de que tu temporada de vacaciones requiere el pago de un monto adicional para hacer uso de esos espacios (por aquella cláusula de pagos extras para uso en temporadas altas) y además, se te suma un sesgo cognitivo que no habías tomado en cuenta, que es la *adaptación hedónica*[5]. En el mejor de los casos, te aburrirás de ir todos los años al mismo lugar y en el peor de ellos, estarás pagando algo que nunca volverás a disfrutar.

Todo esto lo estamos poniendo sobre la mesa, porque antes de calcular el placer financiero, hay que hacer un chequeo de la realidad. Debemos tener claridad acerca de lo que nos proporciona placer, para ponerlo en el contexto adecuado, ver las experiencias con sus pros y sus contras y evitar comprometernos con algo que nos genere mucho entusiasmo, porque el entusiasmo en sí mismo no es garantía de disfrute a largo plazo. Volvemos al punto de siempre: dale instrucciones de paz a tu dinero y eso es lo que va a generar en tu vida.

Ahora sí viene la pregunta clave de este nivel:

¿Qué placer deseas experimentar una vez al año?

Seguramente un viaje al extranjero o cruzar el Atlántico o irte a un lugar remoto a aprender una lengua extranjera. Es posible que sencillamente sea una semana de spa en tu misma ciudad o si eres madre y esposa, irte de luna de miel una vez al año con tu pareja. Cualquier cosa que implique "conectarnos" con lo placentero, tiene cabida en esta sección, pero para que

---

5 La adaptación hedónica es la tendencia humana de volver a los niveles normales en términos emocionales, una vez que esa experiencia que nos hacía tan feliz (o triste), ha formado parte de nuestra vida. Tomar decisiones de compra con este sesgo, hace que una compra fantástica se convierta en un gasto innecesario, en muy poco tiempo.

sea placentero y lujoso, debe ser una vez al año.

Ya que tienes ese placer definido, colócale un monto. Si es un viaje, revisa los precios del pasaje aéreo, el alojamiento y las comidas. Hoy día tenemos la información disponible a mano, desde Internet en nuestro teléfono inteligente. Si no sabes encontrar la información, busca ayuda, pero no te limites por las ideas que tengas sobre el viaje.

Es posible que te encuentres con la sorpresa de que el monto de ese placer financiero, es más bajo de lo que te imaginabas. Si por casualidad el monto te resulta alto, no le pongas juicio, no es para que lo hagas realidad la semana que viene, de lo contrario sería seguridad, no placer.

La vez que hice este ejercicio con Esperanza, una maravillosa coach de empoderamiento femenino, fue una experiencia mágica. El placer estaba relacionado con llevar a sus hijos a Legoland, en Dinamarca. Ni en su familia ni en su cultura, el placer había sido parte del esquema de vida. No sabía qué quería, porque la creencia de "es muy costoso" le nublaba la mente. Al final invitamos a los beneficiados, a sus hijos. Ellos no tenían ese problema de pena ante el dinero, así que sabían bien lo que querían. Revisando costos y fechas, dimos con una cantidad de dinero capaz de cubrir esa aventura. Parecía mucho, pero la orden era "no poner juicios sobre este placer".

Parecía un viaje lejano, esos de "algún día". Para sorpresa de Esperanza (pero no de sus hijos), el viaje se concretó mucho más rápido de lo imaginado. En menos de dos años, ya estaban viviendo su experiencia de lujo en Dinamarca.

Recuerda que este ejemplo habla de un nivel de placer financiero que puede considerarse alto. Pero puede haber un nivel de placer financiero más simple, como el de desconectarnos dos semanas al año e irnos a la playa o hacer una actividad familiar en un lugar en las afueras de la ciudad donde vivimos. Repito, no tiene que ser costoso, sino especial y placentero, un pequeño lujo.

¿Por qué tener un nivel de placer financiero? Porque el dinero por el dinero no tiene sentido. Trabajar sin descanso tampoco tiene sentido. A nivel de la neurociencia, sabemos que las experiencias placenteras contribuyen a la salud cerebral, lo que se conoce como reserva cognitiva. La reserva cognitiva es el sistema protector del cerebro y de resiliencia neuronal, que nos permite mantener la lucidez mental y evitar las enfermedades neurodegenerativas.

El Método de la Armonía Financiera

Como ves, la metodología de Armonía Financiera establece un punto medio en la relación con lo material. No es apego ni tampoco rechazo. Es el uso del dinero en su justa medida, evitando los sesgos cognitivos que nos hacen tomar decisiones erradas. Es un estado de consciencia del dinero, para ponerlo en lo que realmente tiene que ver con nosotros.

A diferencia de un presupuesto corriente, solo tenemos que enfocarnos en tres cifras: la de la seguridad, la de la comodidad y la del placer financiero. Esto sucede porque el dinero es como la marea, unas veces está alto, pero luego puede que esté bajo.

Si entendemos las emociones asociadas a cada nivel, vamos a saber a qué atenernos si no cubrimos cada nivel y además evitaremos preocupaciones innecesarias porque sabremos qué tomar y qué soltar para cada nivel.

Ahora que utilizamos el concepto de marea, podemos ver un gráfico que te ayude a entender el por qué del nombre de Armonía Financiera y te darás cuenta de que con este método podrás enfrentar cualquier situación retadora de dinero, en una relación temporal, sin confundir esencia con tenencia, ni robarte la paz.

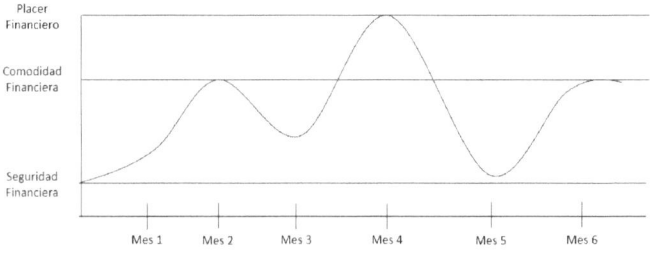

Lo único que debes hacer es un esquema como este, colocando tus montos en cada nivel y preparándote mes a mes. Fíjate que esto corresponde a desembolsos y no a ingresos. Si tus ingresos son los mismos todo el año, deberías dividir los desembolsos anuales en montos mensuales, para tener en cuenta que, aunque en el mes 1 tus gastos sean los mínimos, no debes gastarte el resto, ya que lo vas a necesitar para el mes 4. Por otro lado es normal que en el mes 5 estés a nivel de seguridad, pues los altos desembolsos del mes anterior implican que el mes siguiente tenga que bajar la energía (sí, esto puede incluso verse como energía), tal como lo ves en las olas del mar.

¿Cuándo entramos en emergencia con nuestro dinero? Cuando estamos por debajo de la seguridad financiera. Por debajo de eso, todo lo que decidas lo harás desde la necesidad, desde la reacción al entorno y desde tu sistema de sobrevivencia más bajo. Por eso debes cuidarte de no ir por debajo de esa línea de seguridad financiera.

Por debajo de la comodidad financiera, lo que hay es incomodidad, no emergencia. Aquí las decisiones son para optimizar lo que tienes y establecer prioridades, pero tu sobrevivencia está garantizada. El único que patalea en este nivel, es el ego (¡ah! y brotarán todas las heridas emocionales que estás cubriendo con estatus).

Por debajo del placer financiero, solo hay estilo de vida, lo normal y lo cotidiano. ¿Te imaginas que tus placeres dependieran cada vez menos de desembolsos de dinero? Bueno, este gráfico no te ayudaría mucho, pero sin duda que experimentarías placer con más facilidad que aquellos que filtran todos sus placeres a través del dinero.

Este gráfico resulta bien simple, pero contiene en su elaboración metodológica, los más complejos conceptos de neurociencia aplicada al manejo del dinero. Así sabrás con exactitud, la cantidad asociada con los tres niveles de conexión neuronal:

Seguridad financiera => Calma el cerebro reptiliano.
Comodidad financiera => Calma el sistema límbico.
Placer financiero => Calma la corteza prefrontal.

El cerebro reptiliano (que nada tiene que ver con los reptiles) es la parte de nuestro cerebro que se enfoca en la sobrevivencia y evalúa los recursos para sobrevivir cada día. Si no se atiende este nivel, la sensación de angustia y desespero no solo es aterradora, sino que puede ser real. Por esta razón debe ser cubierto con los mínimos recursos posibles, para que pueda satisfacerse con facilidad. Por ello es importante el uso correcto de la palabra *necesidad*.

El sistema límbico está asociado con la confianza y la sensación de pertenencia y evalúa los recursos para vivir mes a mes. Si no se atiende el nivel de comodidad financiera, la persona sentirá que su reputación está en duda y que será rechazada por sus iguales. Para evitar esto, es necesario que el nivel de comodidad se desconecte de lo externo (la aceptación) para conectarse con lo interno (la autoconfianza). Así podrán tomarse decisiones de ajustes, sin sentirse excomulgado.

La corteza prefrontal es la que proyecta a largo plazo y evalúa los recursos en términos de un año o más. Cuando estamos en un estado de placer, nuestra mente se relaja, el estrés deja de producirse y llegamos más fácilmente a la paz. Si bien es cierto que este nivel nos permite disfrutar de momentos maravillosos, también es importante saber que, mientras menos dependa del dinero, más rápido podremos acceder a él y con más frecuencia podremos experimentarlo, tengamos poco o tengamos mucho.

En mi caso personal, la mayor cantidad de dinero está en el

nivel de la comodidad financiera. Esto significa que tanto mi seguridad como mi placer financiero son muy fáciles de lograr. Cuando tengo que hacer ajustes de comodidad, tengo claro que va a ser incómodo adaptarme, pero que mi sobrevivencia no está en juego (por mucho que me diga mi mente que me voy a morir de hambre, si durante un mes no voy a comer a un restaurante). Lo más que puede estar en juego es la percepción que otros tengan de mí, pero al trabajar mi riqueza consciente y mi autoconfianza, muy poco me importa lo que otros piensen.

Un ejemplo muy claro, es que puedo dictar conferencias magistrales llevando puesto un vestido que me costó diez euros. Hasta la fecha nadie me ha pedido dinero de regreso porque luzca lo que luzca. Pienso que nadie a la fecha ha cerrado su cuenta de Facebook porque Mark Zuckerberg vista de camiseta y jeans (mezclilla). Sin lugar a dudas, un vestido de diez euros con una autoconfianza de mil, luce mejor que un vestido de mil con una autoconfianza de diez.

Hasta ahora creo que tienes bastante información para procesar, incluso puedes leer este capítulo de nuevo si hay algo que aún no has incorporado bien. Adelante, que este no es un curso de lectura rápida, sino un libro acerca de tener consciencia de lo que ya posees y capacidad de gestión para tu bienestar. Léelo de nuevo las veces que necesites.

Al final, se trata de vivir en armonía financiera, desde una filosofía de riqueza consciente, para toda la vida. Por ello es importante que su lectura sea lenta, para que incorpores lo más que puedas

Hablando de lentitud y profundidad, no quería irme sin

antes contarte que uno de nuestros programas más profundos y largos, pero asombrosamente efectivo, es el Máster en Armonía Financiera, donde trabajamos durante veinticuatro semanas todos estos temas, con un nivel de profundidad y personalización como ningún otro programa similar lo hace. Literalmente, nuestro trabajo es reconfigurar tu sistema neuronal alrededor del dinero y hacer posible una postura de paz, ante la gestión de lo material. Este programa se dicta solo una vez al año, por lo que si te interesa, envíanos un email a *tecuidamos@armoniaf.com* o revisa los detalles en las páginas finales de este libro para la admisión.

Y para finalizar este viaje, te regalo un paseo por lo que hemos denominado "Las doce leyes de la riqueza consciente", que es un conjunto de conceptos que te ayudarán a gestionarte ante lo inmaterial y a que, desde ese sentido de poder personal, puedas elevar tu consciencia en lo material.

CAPÍTULO 7

Las 12 Leyes de la Riqueza Consciente

Finalmente hemos llegado al último capítulo de toda esta travesía. Aquí pongo en tus manos el paso a paso para tu gestión personal en el camino de la riqueza. Las leyes de la riqueza consciente es un esquema de conexión personal en el mundo material que desarrollé luego de ver cómo las personas utilizaban los recursos como mecanismos de compensación o como rellenos de vacíos personales.

En ti hay una historia con sus agridulces. Esa historia tiene oportunidades de sanación, pero cuando no haces el trabajo, te aferras a lo material para sentirte a salvo. Por eso esta sección te lleva desde lo más esencial, y cada aspecto (o ley) te permitirá trascender tus circunstancias.

Así que comencemos, toma papel y lápiz. Inicia tu trabajo interior de la riqueza, que te hará avanzar de forma integral, conectada y empoderada en el camino de los recursos materiales, tengas poco o tengas mucho.

01. Ley de la Suficiencia

La suficiencia proviene de la consciencia de capacidad, y es algo que se aprende en la niñez, cuando desarrollamos nuestras primeras muestras de valía, aceptación y pertenencia.

En nuestro proceso de socialización, nuestros padres pusieron muchas expectativas en nosotros. Siempre desearon que fuésemos mucho más que ellos, y eso los llevaba a exigirnos todos los días.

¿Y qué pasa con quienes fueron abandonados por sus padres? Aquellos padres que abandonaron a sus hijos, lo hicieron porque, en medio de las expectativas, ellos se consideraron insuficientes para acompañarle en esa vida grandiosa que visionaba para su hijo.

Así que, independientemente de que hayas crecido o no con tus padres, ellos siempre vieron la grandeza en ti, y en el camino tu aprendiste que la única forma de recibir cariño era "dando la talla" con sus exigencias. Y cuando no lo hacías, venían los regaños y la presión.

Es allí cuando se instaló en ti la idea de que no eras suficientemente bueno, inteligente, ordenado, prudente, o capaz. Eso luego se convirtió en una etiqueta que te llevaste de por vida, y aún la sigues honrado, a pesar de ser equivocada. ¡Por una situación puntual tú creaste una identidad para el resto de tus días!

Hay personas que se han pasado la vida acumulando títulos, certificados, medallas, diplomas, idiomas, libros, ropa, zapatos, bolsos, vehículos, casas y hasta empresas, pero en el fondo de sí mismos aún se sienten como ese niño regañado que no cubría las exigencias familiares.

En el fondo, la insuficiencia esconde la necesidad de ser respetados, reconocidos y aceptados por nuestro entorno y las personas que amamos. Pero todo esto comienza dentro de ti, no allá afuera.

La base de la riqueza, como ya lo vimos, es una identidad de rico, de saber que viniste con todo lo que requieres para hacer el trabajo por el cual la vida te trajo. La mochila no llegó incompleta, no te "falta" nada porque lo esencial está contigo, vino de nacimiento. Es aquí cuando sabemos que somos suficientes.

La suficiencia es un sentimiento, no es un nivel socioeconómico ni un estatus social.

Aquí te comparto 3 formas de ejercer la suficiencia cada día en tu vida:

- Reconocernos sin máscaras: suelta la exigencia y el perfeccionismo. Eres un ser humano que vino a compartir sus habilidades naturales y a aprender de sus debilidades. ¡Eres esencial y potencial!
- Esforzarnos sin sacrificio: crece por la alegría de hacerlo, no por la mendicidad del reconocimiento. Si, sé que creciste con la necesidad de "demostrar" lo mucho que te esfuerzas, pero si no se siente bien ¿Para qué seguirte

sacrificando?

- Contabilizar nuestros logros: Aprendamos a ver, valorar y celebrar los éxitos, lo que si pasó y pasó bien. La mente es muy buena en hacer pequeño los éxitos y hacer grande los fracasos. ¡Apláudete!

Seguro hay otras formas como puedes reconocer la oportunidad de practicar la suficiencia. Escríbelo aquí para que comiences desde hoy a hacerlo:

A partir de hoy practicas la suficiencia en tu vida a través de:

_____

_____

_____

_____

_____

_____

_____

_____

02. Ley del Merecimiento

El merecimiento está asociado con la dignidad para recibir, ya sea un premio o un castigo. Recibimos aquello que sentimos que merecemos, así que en esencia el merecimiento está presente en nosotros. La pregunta es ¿Qué sentimos que merecemos?

Solo cuando nos sentimos suficientes, es que podemos abrir las puertas a un merecimiento sano, libre de consumismo, de sacrificio y con responsabilidad. Somos suficientes primero, y merecedores después.

Hay personas que se sienten culpables de recibir las cosas maravillosas que les da la vida. Es como si alguien le hubiese dado la orden de no acercarse a ello, porque seguramente es una trampa, o porque sea más digno si rechaza las buenas cosas que la vida le ofrece.

Por otro lado, hay quienes viven rebelándose ante esas memorias donde alguien les dijo también que no merecían, pero que en lugar de tomarlo como una reflexión lo convirtieron en una revancha. Son las personas que se auto-maltratan adquiriendo deudas con el fin de comprar cosas para aparentar. Vivir de apariencia no es merecimiento, es des-merecimiento, aunque parezca lo contrario.

Otra forma de vivir el desmerecimiento, es cuando basamos nuestros gustos y preferencias a partir de la comparación. Esto no lo trajimos de nacimiento, sino que lo aprendimos a medida que crecíamos. Aquí te pongo un ejemplo:

Marcos es un hombre que sacó adelante su propia empresa, al punto de ser muy reconocido en su ciudad y en su país. Le encanta lo que hace, cuida a sus clientes y eso le permite ventas suficientes para sostener toda su familia. Está casado con Margarita, quien proviene de orígenes similares a los de

Marcos, pero desconoce el negocio aunque disfruta del estilo de vida que Marcos le da.

Marcos tiene dos hijos, Ariana y Manuel. Manuel es el mayor y a quien Marcos ve como "el sucesor" del negocio. Manuel está acostumbrado a la comodidad que su padre le da, al punto de decidir irse a estudiar a Suiza negocios.

Manuel decide llegar a Suiza y rentar un departamento en la zona más céntrica de Zúrich, apuntarse al gimnasio donde van los famosos y así comenzar su vida de estudiante. Manuel aún no produce, pero lleva un nivel de vida bastante alto. Marcos lo nota, y por ello decide enseñarle a su hijo el secreto de su éxito como empresario: vivir por debajo de sus posibilidades.

Es así como Marcos le avisa a su hijo Manuel que le va a depositar en una cuenta bancaria todos los gastos de la carrera y la manutención adecuada. Manuel entra en pánico, junto con rabia y sensación de abandono. ¿Cómo puede hacerme mi papá esto? ¡Yo no merezco esto! Me pregunta durante una sesión.

La respuesta es muy simple Manuel: El nivel de vida de tu papá representa el 15% de sus ingresos mensuales, mientras que para ti representa el 100%. O aprendes a gestionar lo que tienes, o vas a quebrar el negocio de la familia apenas tomes las riendas.

No importa si tú naciste en una familia donde se te dio todo o se te dio poco. La sensación de insuficiencia mezclada con el merecimiento siempre va a dar como resultado que necesitas mucho más. Y la mente, que es fácilmente programable, va a obedecer a la pataleta y te dará mil justificaciones para "ir por más".

Por ello te invito a percibir el merecimiento en cada decisión de compra que realizas. Aquí podrás anotar esos momentos claves en tu vida:

_____

_____

_____

_____

_____

_____

_____

03. Ley de la Contribución

La contribución está asociado al aporte que realiza una entidad o persona para sumar recursos en la obtención de un beneficio para un tercero. Contribuir es la acción más ecológica del ser humano, incluso cuando hablamos del pago de impuestos.

Una vez que nos identificamos como seres suficientes y merecedores, viene el tercer paso que es definir lo que tenemos para dar. Sí, pero ese dar va más allá de las formalidades de títulos; tiene que ver con eso que proviene de ti, que lo das a manos llenas y que por consecuencia se multiplica.

Contribuir ha sido durante muchos siglos el secreto de la multiplicación material, pues te convierte en un medio a través del cual todo fluye para el bienestar de aquellos que por situaciones particulares no pueden proveerse. Ya de esto hablamos como práctica común en la era medieval, y es hora de que lo regresemos a lo moderno.

Existen muchas ideas erróneas acerca del contribuir, como por ejemplo la creencia de que el otro es "pobrecito" y no puede o no será capaz. De allí nace la lástima como forma de violentar el potencial del otro. En realidad todos podemos, pero la vida nos pone en situaciones vulnerables porque nos toca aprender a recibir, mientras que la persona que contribuye está en la posición de aprender a dar.

Otra forma muy desvirtuada de contribución es aquella que tenemos con los impuestos, donde se da desde el sentimiento de pérdida, como si nos estuvieran robando. Allí hay en primer lugar un desconocimiento de lo que significa el tributo y en segundo lugar una arrogancia de pensar que estás en la sociedad para sacar beneficio personal.

En ambos casos, ya sea con la lástima o con la rabia, estamos fuera del contexto que significa contribuir. La característica básica de la contribución es la alegría de dar, de saber que sumamos y de que estamos en gracia divina como proveedores terrenales.

Aquí te comparto 3 formas de ejercer la contribución cada día en tu vida:

- Enfocarnos en el potencial: Si vas a donar tiempo o dinero, enfócate en el resultado de lo que esa persona va a lograr con tu aporte, no en su situación actual. Ponerle condiciones a tu dar, no es dar, sino dominar. Da sin expectativa, o no des.
- Ofrecernos desde el poder: Es muy diferente ayudar a alguien desde tus fortalezas, que hacerlo desde tus debilidades. Cuando das a otros lo que no tienes, lo haces de forma desbalanceada porque estás atentando contra tu bienestar. No es lo mismo empujar a alguien hacia arriba, que halar a alguien desde arriba.
- Ayudar de forma sustentable: Las mejores ideas de contribución no provienen de alguien que lo deja todo para internarse en un espacio a ayudar de día y de noche. Debes aprender a crear equipos de apoyo, capacidad recaudadora o sumarte a espacios donde cada quien haga un aporte simple que se sostenga a través del tiempo. Si te resulta pesado o sacrificado, no es sostenible.

Seguro hay otras formas como puedes reconocer la oportunidad de practicar la contribución. Escríbelo aquí para que comiences desde hoy a hacerlo:

A partir de hoy practicas la contribución en tu vida a través de:

_____

_____

_____

_____

_____

_____

_____

_____

04. Ley de la Confianza

Cuando nacemos, llegamos cargados de confianza. Es nuestra vulnerabilidad la que nos hace confiar en el mundo entero y entregarnos inocentemente para ser cuidados. Si nos sentimos suficientes, merecedores y con capacidad contributiva, nuestra sensación del mundo es que es un lugar seguro. Por eso la confianza es la cuarta ley de riqueza consciente.

La etimología de la palabra confianza contiene dos partes: Con (todo, mutuo) y fianza (fe). Entonces la confianza es la fe que tenemos con otros a partir de nosotros mismos. Pero esa fe, aunque ya sabemos que nacimos con ella, la vamos perdiendo en el tiempo.

Mientras tu desarrollo se basa en la exploración del mundo y sus maravillas, el rol de los padres es la protección y el cuidado. Hasta aquí todo parece bien, de no ser por la transferencia de miedos aprendidos o experimentados de tus padres.

En mi caso siempre fui muy desenvuelta en público y muy enfocada en privado. Mi capacidad de interactuar con la gente siempre ha estado presente, pero no la de mi mamá. Para ella siempre fue algo delicado confiar en la gente, y por ende trataba de advertirme: "No hables con extraños" era lo que siempre me decía.

Recuerdo que cuando tenía unos 7 años, hubo un rumor fuerte en la calle de que estaban robando niños para sacarle los órganos y venderlos. Imaginarás que con los ojos verdes que la vida me dio, las alarmas de sobrevivencia de mi mamá se dispararon al mil por ciento, y la desconfianza se hizo exponencial.

En mi vida he conocido personas que dicen que les cuesta vivir mejor, salir al mundo y crear sus proyectos. Cuando profundizamos en la manera como se relacionan, tienen aún muy fresco esa sensación de desconfianza, de "no hables con extraños" y terminan aislados del mundo. Una cosa es la prudencia y otra es la paranoia.

Hay algo mucho más contundente en el tema de la confianza, y es que la confianza es la base del sistema financiero, el valor humano que la sostiene. Esto implica que, quienes viven temerosos y desconfiados, terminan financieramente desconectados del mundo, ya sea por acumulación (todo lo tengo guardado para no depender de nadie) o por asfixia (no le pido a nadie para que nadie me domine).

Cuando las personas tienen problemas de dinero con otros, no tienen un problema de dinero, sino que el dinero refleja en blanco y negro ese aspecto de confianza, y deja sobre la mesa aquello que no queríamos ver. Incluso, hay quienes esperan perder mucho dinero para poner el límite que la desconfianza ya les venía haciendo sentir.

Otro aspecto que es importante resaltar, es que la confianza no se pide ni se exige, sino que se ofrece. Eso nos pone en una posición de vulnerabilidad, tal como los niños recién nacidos, y es en la interacción donde observamos si esa confianza está siendo valorada. Habrán casos donde confiaste y te dejaron guindando, esperando o sin nada... ahí viene un ingrediente que suma a la ecuación, que es la confianza en ti mismo.

Nadie está exento de ser víctima de la miseria del otro, pero sí está en nuestras manos lo que hacemos con eso. La autoconfianza debe ser entonces, una tarea personal de vida, que se convertirá luego en una habilidad que te haga inmune ante lo que los demás hagan con lo que tú les ofrezca.

Si en ti no está fortalecida la confianza, te invito a practicarla a partir de hoy. Indica aquí las formas como practicarás la confianza en tu vida:

_____

_____

_____

_____

_____

_____

_____

05. Ley de la Abundancia

Hasta este momento estuvimos hablando de leyes que tenían que ver contigo como ser individual: suficiencia, merecimiento, contribución y confianza. Una vez que has incorporado esto en ti, es cuando puedes abrirte al mundo y sus ofrendas. Ahora hablaremos (nuevamente) de una palabra que está en boca de todos: Abundancia.

Durante toda la existencia humana, hemos buscado formas de modificar nuestras condiciones para hacer nuestra vida más placentera. Sin embargo, y a pesar de todo el desarrollo que hemos logrado, la sensación de insatisfacción aún se percibe como si estuviésemos en las cavernas. Hemos avanzado pero sintiéndonos sin nada.

Por esta razón la palabra abundancia suena tan tentadora, y esto va desde los últimos dos mil años. Abundancia era el nombre de la diosa romana que personificaba la riqueza, y la seguimos buscando como si fuese algo que se tocara con las manos.

La abundancia es, a mi entender y mi experiencia, algo que se siente y no algo que se toca. Pero solo puede sentirse cuando nos quitamos las capas que obstaculizan nuestros sentidos. Por esa razón primero hay cuatro leyes que debemos trabajar antes de llegar aquí.

Aquellos que viven persiguiendo abundancia son quienes creen que deben hacer "algo" para "atraerla" (perseguir y atraer es la misma esencia de tapar vacíos), y generalmente lo hacen desde su necesidad de ser valiosos ante algo o alguien, e incluso para demostrarle a alguien que valen. Ni hablar de los que quieren "todo de todo" para derrocharlo sin consciencia.

De alguna manera, queremos echarle mano a la abundancia para satisfacer caprichos de la mente, placeres del cuerpo y cualquier otro vacío que aún no sabemos gestionar. Si tan solo supiéramos que somos suficientes, merecedores, contribuyentes y confiados, no respiraríamos ansiosos ante el deseo de que la abundancia nos visitara, sobre todo porque ya está aquí.

Como ya hablamos antes, la peor de las avaricias es esa idea de que la abundancia es igual a dinero. Eso es un pensamiento mercantilista bañado de pseudo-espiritualidad, donde se espera que algo por esencia limitado se eleve a la enésima potencia para satisfacer necesidades que no existen, tales como la explotación de las vacas para sacarles leche eternamente o la fertilización de cultivos para que den frutos todo el año.

Lo que te llevará a experimentar abundancia en tu vida no es tener un banco lleno de dinero ni una mansión con un Ferrari al frente. Lo que te lleva a sentir la abundancia es tener un alma ligera que sepa vivir tranquilamente con lo necesario, y que además sepa avanzar conscientemente con lo que hay.

Esto es lo que yo denomino "La paradoja de la abundancia" y que compartí en una obra co-escrita con el reconocido autor Joe Vitale[1] hace un tiempo atrás.

---

1 Vitale, Joe; Quintero, Joselyn y otros. The Abundance Factor (El Factor de la Abundancia) 2018.

Ya sabes que hay muchos vicios alrededor de la abundancia, pero solo una sensación de paz es lo que te permite sentirla en tu vida. Esto implica que esta ley requiere más soltar que perseguir, más ligereza que ostentación.

¿Qué pesos debes soltar? ¿Qué angustias debes soltar? ¿Qué reconocimiento debes soltar? A partir de hoy practicas la abundancia en tu vida a través de:

_____

_____

_____

_____

_____

_____

_____

06. Ley del Disfrute

No importa cuánto tengas, cuánto logres, cuánto sepas. Si no sabes disfrutarlo, es como si no tuvieras nada. Por eso es importante integrarnos como esencia en nuestros logros, para que esto tenga el dulce sabor del disfrute... y a partir de allí seguir creando.

El disfrute es otra ley con la que nacimos, viene con el

equipaje interno original, pero que fuimos perdiendo mientras nos hicimos seres sociales y partes de una familia. Aquí te doy un ejemplo:

Imagina que durante tu niñez te encantaba jugar en el parque, y cuando llegabas con alguno de tus padres, ellos se sentaban en un banco a verte jugar. Tú estabas feliz de estar allí, pero a la distancia escuchabas casi cada minuto: "Cuidado [tu nombre]", "Te vas a caer [tu nombre]", "No te montes ahí [tu nombre]" "Te vas a golpear [tu nombre]"...

Ahora multiplica esta escena con sus sentencias y sus emociones por 3 días a la semana, 52 semanas al año y unos 7 años. Pues sí, los seres que más te aman, te dieron más de mil predicciones fatalistas de aquello que más te gustaba hacer ¿ahora ves porqué disfrutar te cuesta tanto?

Tenemos una idea de que disfrutar trae consigo algo malo al final de la historia. Hay refranes que hablan acerca de lo malo de reír un lunes porque la semana se estará llorando, o que las buenas fortunas traen desgracias. Ante tanta fatalidad, es obvio que nadie se quiera acercar al disfrute, a menos que sea masoquista.

La etimología del disfrute está asociado al deleite y gozo de los frutos y utilidades de algo. Es decir, que teóricamente nosotros deberíamos disfrutar cada vez que logramos algo, o cada vez que obtenemos un beneficio de ese logro personal.

Ahora, cada quien tiene su forma personal de disfrutar y de conectarse con ese fruto o logro. En mi caso, el disfrute viene con un profundo descanso para equilibrar mi energía interior. Hay quien necesita irse de fiesta cinco días seguidos para sentirse satisfecho, e incluso están los que viajan como mecanismo de disfrute, como es el caso de la luna de miel.

¿Existe diferencia entre disfrutar al final del camino o durante el camino? Totalmente, y eso lo vi en mi época universitaria, donde muchos vieron sus estudios como un gran peso social al que debían responder, y luego el último día era una fiesta como si el mundo se fuera a acabar. Mientras menos disfrutamos el camino, más cansados llegamos al logro.

Entonces para mí, el disfrute debería comenzar en el camino, en el primer paso, en eso que nadie ve ni aplaude. Cuando vemos nuestro andar como algo sacrificado, terrible, cargado, exigente y estresante, no solo se hace más largo, sino que vamos reprimiéndonos como la historia que te contaba del niño en el parque. Vamos cuidándonos las espaldas, muy pendiente de no caernos, de no reprobar, de no equivocarnos. Esto es, biológicamente, desgastante para nuestro organismo.

Disfrutar debería ser la unidad de medida al momento de elegir una profesión, de aceptar un empleo, de iniciar una relación. Quien vive sacrificado se pasa la vida enojado por el disfrute ajeno, resentido con el prójimo y mendigando valoración, aceptación, cariño y respeto.

Por tu salud y tu bienestar, debes responsabilizarte de crear espacios de disfrute diario. A partir de hoy elije el disfrute en tu vida a través de:

_____

_____

_____

_____

_____

_____

_____

_____

07. Ley de la Expansión

Todo aquello que se mantiene consistentemente, tiende a reproducirse. Es lo que se conoce como la serie de Fibonacci[2]. Esto lo podemos ver en las flores, las ramas del árbol, la reproducción de animales como los conejos, en las alcachofas y por supuesto en la reproducción celular.

La expansión es una condición de la naturaleza, y en el caso del comportamiento humano está asociado a la productividad, a las conexiones sociales, al crecimiento empresarial e incluso al impacto en las redes sociales. Siempre que sea consistente, su crecimiento llevará un comportamiento exponencial.

Pero el comportamiento de expansión es indiferente de la intención que se le ponga, por ello hay que estar muy atento a qué estamos expandiendo y desde donde lo hacemos.

_____

2 La serie de Fibonacci data del año 1202 y es una sucesión que comienza con los números 0 y 1, 2 a partir de estos, cada término es la suma de los dos anteriores: $f\{n\}=f\{\{n-1\}\}+f\{\{n-2\}\}$

La expansión desde un proceso inconsciente puede ser, por ejemplo, la preocupación. Comienza como un pensamiento fugaz, un milisegundo de imagen que pasa como uno más de los 60 mil que pasan diariamente en tu mente cada día. Ya sea por la relevancia, por lo extraño o por lo que impacta emocionalmente, ese pensamiento se hará repetitivo. Pasamos de 0, a 1 pensamiento y ahora a 2 pensamientos iguales. Luego la mente le añade otros detalles y ese pensamiento comienza a crecer, hasta que ya no sabes si es una idea o una realidad. Fíjate lo fácil que te resulta convertir un pensamiento en una preocupación. Si no te haces consciente de ello, puede afectar tu frecuencia cardíaca, alterar tu sueño y hasta dañar tus relaciones, sin que haya un motivo real.

Entonces, dada la indiferencia de la expansión, lo más importante es estar presente en cada momento para saber qué estás expandiendo. Por eso la expansión es una ley que aparece después de la suficiencia, el merecimiento, la contribución, la confianza, la abundancia y el disfrute. Un orden diferente nos haría expandir en contra de nuestro propio bienestar.

La filosofía de Armonía Financiera es la expansión de la riqueza consciente. Primero la consciencia de ser ricos, y desde allí se manifestará la expansión si lo realizamos de forma consistente a través del tiempo. Esto no es para cambiar una creencia en un curso de fin de semana, sino para desarrollar una identidad, un patrón de pensamiento y un estilo de vida en riqueza consciente.

Para que la expansión ocurra en una dirección alineada con lo que nosotros deseamos, es importante poner en práctica al menos una de estas 3 opciones:

- Enfocar la atención: Darnos cuenta en qué estamos pensando en ese momento y re-direccionar la atención y el pensamiento hacia lo que queremos, no hacia lo que tememos.

- Ser consistente: Es muy fácil hacer lo anterior una vez, coloca la alarma para que suene en 3 momentos específicos del día, siempre a las mismas horas, para que enfoques la atención. En un mes verás como luego tu mente lo hará solo y el hábito de darte cuenta de tus pensamientos.

- Sistematizar el hábito: Si estas 3 veces las puedes incluir en hábitos que ya tengas, será más fácil de incorporar.

Ya tienes idea de cómo expandir aquello que deseas en tu vida. A partir de hoy elije la expansión en tu vida a través de:

_____

_____

_____

_____

_____

_____

08. Ley de la Consciencia

Ahora que ya sabemos que aquello que hacemos consistentemente se expande, entonces viene el complemento del éxito en hacerlo a favor: ser conscientes.

La conciencia y la consciencia son dos cosas diferentes. La conciencia está más enfocado a lo que está bien o mal, es un juicio de valor moral. Una persona inconciente es alguien potencialmente peligroso en la sociedad, porque carece de juicio entre el bien y el mal. Por otro lado, la consciencia es la capacidad humana para percibir lo que ocurre y reconocerse en ella. Cuando alguien te insulta y tú te das cuenta que está proyectando su rabia o su dolor en ti, sabes que no tiene nada que ver contigo, así que eres compasivo ante su sentimiento.

La consciencia se gesta a nivel neuronal, en la corteza prefrontal, un área propia del ser humano y que cumple una función ejecutiva del resto del cerebro, equilibrando nuestra parte reactiva, nuestras conexiones sociales, nuestra identidad de ser. Podemos decir que la consciencia es el mayor nivel de responsabilidad basado en la trascendencia de nuestros impulsos y memorias.

Hasta hace 30 años, la consciencia era vista como algo del mundo espiritual, y no del científico. Lo más que se conocía en la ciencia era el comportamiento, algo que estudiaba la psicología. Poco a poco muchos científicos han traspasado esa barrera y se han atrevido a medir con su tecnología lo que sucede dentro de la mente de una persona que entra en niveles profundo de paz, algo muy característico de los meditadores.

Las personas que realizan prácticas contemplativas como la meditación o mindfulness y actividades psicofísicas como el yoga o el tai chi, desarrollan con el tiempo la posibilidad de auto regularse ante el estrés, mayor compasión hacia el prójimo, gestión emocional y claridad en la percepción de la realidad[3]. Tienen la capacidad de observarse a sí mismo como un tercero, creando mayor objetividad ante su entorno.

Ahora, seguramente tu eres alguien con un ritmo de vida muy "moderno" (dícese estresante al menos 10 horas al día) y sientes que eso de tener tiempo para relajarse es de gente sin oficio, como dice mi mamá. Bien, entonces comencemos allí donde estás y con lo que tienes. Vamos a profundizar en tres formas como puedes comenzar a activar la consciencia.

Lo primero es darte cuenta de la diferencia entre tus reacciones y tus reflexiones. Seguramente has reaccionado de una forma, y una hora después te arrepientes de lo que dijiste o como lo dijiste. No puedes cambiar lo que sucedió, pero si puedes tomarlo como una oportunidad de aprendizaje.

La mayoría de las personas se quedan entre la reacción y el arrepentimiento, pero todavía no llegan a la fase de aprendizaje, que es tan poderosa para conocernos cada vez más. Así que la próxima vez que te pase, párate y pregúntate que es exactamente lo que te molesta. Casi siempre tiene que ver contigo y no con el otro.

_____

3 Puedes seguir las investigaciones de los doctores Daniel Goleman y Richard J. Davidson. Han escrito varios libros del tema.

Lo segundo es revisar si estás percibiendo correctamente lo que está sucediendo. Nuestra mente necesita tener las historias completas, y con más frecuencia de la imaginas, la mente se inventa aquello que tiene como un espacio en blanco para poder darle sentido y contexto a lo que sucede.

Pongamos un ejemplo cotidiano: Llegas tarde al trabajo porque tuviste un inconveniente en el camino (el bus o tren se atrasó, o se te reventó una llanta de tu vehículo). Llegas preocupado de que tu jefe no se dé cuenta, te sientas en tu lugar y comienzas a trabajar. A la media hora tu jefe te llama diciéndote que necesita hablar contigo. Sientes como un frío pasa por tu cuerpo y se te seca la garganta. "Se dio cuenta", "Me va a amonestar", "Seguro me necesitaba y no estaba", "Creerá que soy un irresponsable", "Me va a despedir". Todo esto no es más que especulaciones creadas por reacciones, no basadas en pensamientos. Tu mente se inventa cosas que aún no han pasado, para darle sentido a la conversación. La consciencia sería quedarte con "necesito hablar contigo" y esperar llegar para escuchar atentamente.

Lo tercero es, una vez que eliges quedarte con el cuento a medias sabiendo que más tarde lo completarás con la realidad, es elegir las emociones. Sí, es casi un nivel de exigencia mayor eso de "elegir emociones" pero esa es la diferencia entre quien desarrolla inteligencia emocional y quien es esclavo de sus emociones.

Las emociones aparecen en casos muy puntuales para darnos señales que debemos prestar atención. Pero cuando tenemos la percepción empañada, se liberan emociones que atentan contra nosotros mismos. Imagina el caso de una mujer que revisa el teléfono de su pareja y consigue un mensaje que no le gusta. ¿Qué hará sin la consciencia? Lo tirará al piso y hará un escándalo. ¿Qué hará desde la consciencia? Sentarse a conversar como adulta con su pareja y hablar de la relación. El mensaje es solo una señal de un problema a atender en la relación.

¿De qué otra forma puedes practicar la consciencia?

_____

_____

_____

_____

_____

_____

_____

09. Ley de la Circulación

Ahora que ya has profundizado en la expansión como esencia de la naturaleza, seguro te preguntarás ¿Y cómo hace la naturaleza para mantener el equilibrio en su expansión? Este es el tema de la novena ley de riqueza consciente, la ley de la circulación.

La circulación es, en esencia, la acción de mover la energía para que pueda ser de provecho en el ecosistema. Por mucho que nos parezca extraño, la naturaleza no acumula, porque la acumulación está relacionada con el miedo y la incapacidad. Una cosa es la previsión prudente y otra cosa es el miedo a la escasez.

En este momento tú eres un circulador inconsciente. A través de ti fluye el aire de oxígeno y dióxido de carbono, fluyen los alimentos y nutrientes en abono para la tierra, fluye degeneración y regeneración a través del metabolismo, fluye la sangre entre las venas y las arterias. Si tan solo aprendiéramos que todo lo que llega a nuestra vida está hecho para circularlo, creciéramos sin miedo de ser grandes o de recibir creyendo que alguien pierde si nosotros ganamos.

La abundancia, la expansión y la consciencia van antes de la circulación, porque nos invitan a reconocer nuestro estado homeostático en el mundo material. A diferencia del conocimiento económico que se enfoca en la distribución de los recursos escasos para satisfacer necesidades ilimitadas, en Armonía Financiera creemos que cada uno de nosotros, al recibir a manos llenas y distribuir de forma consciente, estamos siendo medios de ayuda y apoyo a quienes más lo necesitan.

Una actividad que suelo recomendar mil veces cuando se habla de circulación, es revisar las emociones que nos producen hacer los pagos pendientes. Para algunas personas los desembolsos tienen distintos sentimientos asociados, que van desde la ilusión al pagar el ticket para las vacaciones soñadas, la ansiedad al pagar el vestido en oferta, la indignación al pagar el recibo de los servicios públicos de la casa, y hasta la rabia al pagar los impuestos del año. Mismo dinero, sentimientos diferentes.

¿Qué relación tienes tú con el dinero que circulas? Existen personas que sienten que, más que pagar, lo viven como si se los estuviesen quitando o robando. Incluso hay quien lo verbaliza "esto es un robo". Lo interesante que hay de observar esos episodios, es que vamos entendiendo que poseemos enormes juicios en cuanto a quién le entregamos el dinero, lo cual nada tiene que ver con el beneficio recibido al pagar.

Pero circulación no solo comprende la parte biológica y monetaria personal, sino que también incluye la parte de recursos tangibles e intangibles.

Hablemos en primer lugar de aquellos recursos intangibles como la experiencia en una habilidad o talento especial.

Asumimos que todo el mundo tiene las mismas habilidades que tenemos para hacer cosas específicas, y por ello no nos sentimos tan valiosos frente a los demás. No espero que todo lo que sepas lo enseñes, pero sí aquellas cosas en las que tienes un nivel de maestría, y que lo habías considerado "normal".

El segundo grupo lo comprenden los recursos tangibles, aquellos objetos que compramos pero que no están cumpliendo ninguna función en casa. ¿Qué cosas que has comprado estás realmente utilizando? ¿Qué compraste pensando que lo usarías y aún está como nuevo?

Es hora de listarlo para darle circulación a esos recursos: vendiéndolos, regalándolos o donándolos:

_____

_____

_____

_____

_____

_____

_____

_____

10. Ley de la Resiliencia

Si desde la primera ley ya tienes claro que eres un ser suficiente por el solo hecho de nacer ¿Cómo recordarlo cuando estamos ante situaciones adversas y complejas que no elegimos conscientemente?

La resiliencia ha sido uno de los términos psicológicos más importantes, a mi juicio, en la comprensión del comportamiento del ser humano, ya que es el único que marca la diferencia entre dos personas expuestas ante una misma situación que destruye a una, pero que fortalece a la otra.

La psicología y la espiritualidad saben que no es lo que nos pasa, sino lo que hacemos con lo que nos pasa.

Si partimos de una riqueza inconsciente, es decir, que vivimos victimizados ante todo y nos sentimos insuficientes, todo lo que suceda allá afuera va a ser una amenaza de muerte. Pero, si hemos cultivado las últimas nueve leyes que te compartí (suficiencia, merecimiento, contribución, confianza, abundancia, disfrute, expansión, consciencia y circulación), entonces todo lo que suceda allá afuera va a ser una oportunidad de vida.

La resiliencia tiene sus orígenes etimológicos a mediados del siglo XX, específicamente en la ecología como la tendencia de un ecosistema a recuperarse después de haber sido perturbado a través de cambios en variables ecológicas por causas naturales (como una inundación) o antropogénicas (como la deforestación)[4].

De acuerdo con la psicóloga Rosario Linares, la resiliencia no es una cualidad innata en el humano, sino que se desarrolla según el entorno donde nos desarrollamos, la forma como nuestros padres afrontan las situaciones que se les presentan y la manera como hemos ido aprendiendo de las experiencias propias.

Para los resilientes, la vida no es "dura", sino una secuencia de situaciones donde la mayoría son buenas y solo algunas retadoras, de manera que disfrutamos las situaciones buenas y aprendemos de las retadoras.

Un aspecto muy importante es la forma como se educa en resiliencia a los niños. Existe la creencia en los padres de "hacer felices" a sus hijos y la necesidad de que "estén

---

4 Holling, Crawford. Resiliencia y estabilidad de sistemas ecológicos. 1973

siempre sonrientes". Esto genera en los padres el cruce del límite entre la protección y la sobreprotección, lo cual priva al niño de desarrollar resiliencia, además de una incapacidad de gestionarse ante la vida. Tampoco estoy diciendo que hay que maltratarlos para que "aprendan", sino que hay que acompañarlos en la gestión de sus retos de vida desde temprano, para que sepa hacerlo de adulto.

Cuando hablamos de resiliencia, sobre todo en la relación con lo material, también hablamos de la capacidad de manejar las pérdidas.

Ya sea porque fuiste víctima de una estafa, realizaste una mala inversión o hiciste una compra emocional, debes aprender a acompañarte a ti mismo en la decisión incorrecta que tomaste, ser compasivo y aprender de lo que te sucedió. Los grandes inversionistas y empresarios poseen esta capacidad de ser resilientes en la gestión de sus recursos, lo que les permite aprender y avanzar.

Ahora te toca a ti elegir la resiliencia en tu vida como una ley a aplicar cuando las cosas no salen como tú quieres. Haz una lista de las situaciones complejas que has vivido, y qué has aprendido de ellas con el tiempo:

_____

_____

_____

_____

_____

_____

_____

_____

11. Ley de la Transición

Mientras escribo acerca de esta ley, observo a través de la ventana de mi casa los árboles en pleno invierno. Están completamente desnudos, sin una sola hoja, entregados a la vivencia de introspección que solo da esta época del año. Esto es transición.

En la ley anterior vimos que no es lo que pasa, sino lo que hacemos con lo que nos pasa. Además nos enteramos que las personas resilientes ven los retos como situaciones puntuales, y no como una característica de la vida. Una vez que abrazamos la situación como un reto y aprendemos de ella, vienen los procesos de transición.

La etimología de transición proviene del latín transitio, que invoca a un cambio de estado. A diferencia del caos, la transición es un proceso lento y sutil que se va gestando a través del tiempo, y que podemos percibir cuando estamos en consciencia.

Adicional al cambio de estado, la transición tiene una característica de internalización, es decir, es totalmente opuesto a la tendencia del desarrollo personal de hacer cambios y la creencia de que todo es mejor si nos obligamos a salir de la zona de comodidad. Transición no es "despedir al jefe y lanzarse a la vida", sino más bien el brote pequeño de aquello que está mostrando afuera lo que lleva rato alimentándose dentro de nosotros.

Un ejemplo de esto fue lo que me sucedió cuando pasé de consultor corporativo a la independencia online. Durante más de 3 años estuve aprendiendo acerca del mundo digital mientras ejercía como consultor. Aún no sabía con exactitud como viviría de esa reinvención, pero igual seguí alimentando ese deseo que estaba allí. El día que menos imaginé, mi empleador perdió dos proyectos grandes que lo obligó a prescindir de un grupo de consultores, y yo salí con un año de salario como arreglo de finalización del contrato. Supe que era en momento de meterme de lleno a lo que sigo haciendo hoy día.

Pero seguramente tu sientes que esto es como "muy elevado" para ser reconocido tan fácilmente en la cotidianidad, y te encantaría tener algunas formas para ir conectándote con la transición. Aquí tienes 3 opciones:

- Diferenciar el fondo de la forma: La mayoría de las discusiones, conflictos, traumas y hasta guerras, provienen de un apego a las formas de hacer las cosas. Un ejemplo es la luz, la cual puede obtenerse por varias formas: velas, bombillas convencionales, LED, o hasta del sol.

- Enfócate en el sentido, no en la explicación: Cuando estamos ante una situación de transición, tendemos a quedarnos en el porqué de lo que está ocurriendo, buscando una explicación lógica del pasado que nos trajo hasta aquí. Se trata de comprender el para qué de esto que sucede, lo cual nos enfoca hacia el futuro.

- Practicar la rendición: En muchos casos, lo que está sucediendo no tiene ni pies ni cabeza, como tampoco se le encuentra el sentido. En ese momento debemos comprender que lo que sucede está más allá de nuestra comprensión y solo nos queda fluir con lo que pasa. Aferrarnos genera un sufrimiento innecesario que en nada suma.

La transición supera con creces la mente racional, y por ello muy pocas personas llegan a este nivel en su relación armoniosa con lo material.

Aunque el mundo competitivo te diga que debes "actuar" yo te invito a "sentir". Lista aquí eso que sientes que ya cerró su ciclo en tu vida, y que estás dispuesto a soltar (como el árbol a las hojas) para avanzar:

_____

_____

_____

_____

_____

_____

_____

12. Ley de la Gratitud

Crecimos agradeciendo cuando nos dan algo (educación), al igual que nos enseñaron a agradecer porque teníamos aquello que otros no tienen (culpa). Ninguna de estos dos aprendizajes está relacionados con lo que significa realmente la gratitud.

Por etimología, la gratitud tiene una esencia de correspondencia, pero esto es solo la parte superficial del concepto. En su esencia, la gratitud es una conexión interior a niveles muy elevados, que cambia la dinámica de nuestra relación con lo externo, a partir de lo interno.

La neurociencia viene siguiéndole la pista a la gratitud desde hace poco tiempo. En el año 2015 Antonio Damasio junto con otros neurocientíficos decidieron estudiar cómo el cerebro cambia cuando practicamos la gratitud. Los hallazgos fueron asombrosos[5].

"En este estudio se descubrió que la gratitud activa las áreas del cerebro relacionadas con la recompensa, de la cognición moral, de los juicios de valor subjetivos, de la equidad, de las decisiones económicas y la autorreferencia."

No es en vano que los padres han buscado, durante generaciones, que los hijos aprendan a agradecer. La gratitud nos conecta con el mundo a partir de nuestra esencia y nos lleva a un estado de satisfacción que permita seguir avanzando

---

5 Glenn R. Fox, Jonas Kaplan, Hanna Damasio, Antonio Damasio. Correlaciones neuronales de gratitud. Frontiers in Psychology (2015). DOI: 10.3389/fpsyg.2015.01491.

con juicio.

En mi experiencia trabajando con compradores compulsivos y personas con altos niveles de ansiedad, la práctica de la gratitud los conecta con la suficiencia. En el caso de personas migrando de un país a otro, han aprendido a apreciar las oportunidades de crecimiento. En entornos con grandes crisis económicas han descubierto cómo sostener sus familias de forma ética a través del tiempo.

Para que la gratitud sea comprendida y practicada de forma que genere trascendencia, requiere estar en el último lugar de las leyes.

Con frecuencia veo a las personas utilizar la gratitud como mecanismo de influencia mística: "Vamos a agradecer lo que queremos". Obviamente es mucho mejor agradecer que pedir, pero cuando utilizamos la palabra gratitud para envolver el mecanismo de petición, el fondo supera la forma y por ello es que, por mucho que agradezcas, poco logras.

La gratitud debería ser una práctica diaria, una forma de honrar con todo aquello que ya existe y que es más que suficiente para el trabajo que nos corresponde hacer hoy. Agradecer incluso por aquello que no nos gusta, es incluso subir un nivel más en la consciencia, pues nos pone en una posición de humildad ante la divinidad y perfección de la naturaleza.

Cuando nos acostumbramos a vivir en ese nivel de gratitud por todo lo que es y existe, entonces lo cotidiano se hace evidente. Le damos las gracias al mesonero que nos sirvió el café, a la chica del supermercado, al vigilante del edificio y al empleo en el que estamos. En fin, eres cortés porque agradeces y no agradeces para ser cortés.

Como ya sabes, esto debe ser una práctica de vida, tengas poco o tengas mucho, estés en caos o en armonía con la vida aquí y ahora. Para cerrar esta última ley, te invito a listar lo simple y pequeño que forma parte de tu vida hoy, te guste o no, y que empezarás a agradecer todos los días en tu vida, a partir de ahora:

_____

_____

_____

_____

_____

_____

EL SIGUIENTE PASO

Tengas Poco o Tengas Mucho

Desde que escribí mi primer libro, Semillas de Riqueza, sabía que este libro venía en camino. Fue una gestación de 5 años donde constantemente revisaba una y otra vez el contenido, para asegurarme que reflejara lo que ya estaba claro en mí, y entregarlo sin dejarme nada en el tintero.

Sin embargo, he aprendido que los seres humanos somos caminantes de la vida, y todos los días hay algo nuevo en nosotros. Por esta razón, es posible que al momento de que termines este libro, ya tenga otras visiones o perspectivas que le den nuevos tintes a lo que lees. Para ello luego vendrán otras ediciones, que en sus ajustes y correcciones sumarán a la experiencia.

Nada es definitivo, pero si he querido dejar reflejado todo lo que en mis noches de lecturas, mis conversaciones con maestros y mis recuerdos de situaciones causales, han traído como consecuencia un hilo temático de esta área que tanta fascinación genera en los seres humanos: la experiencia de la riqueza.

Hoy ya sabes que la riqueza es algo que traes contigo desde que naciste, y que la identidad de pobreza viene porque te estás identificando a través de lo material, que por esencia va y viene. Sí, es algo que se toma su tiempo incorporar, es un estilo de vida que se crea día a día. Pero es posible, porque lo veo en mis alumnos alrededor del mundo, sin importar el país, la edad, la cultura o la situación económica que atraviesa.

Tengas poco o tengas mucho, ya eres rico. Esto te dará un enorme poder personal, así que te pido congruencia y cordura en su uso. Si sientes que ha sido de valor, puedes tomar las frases del libro que más resonaron en ti y compartirla en las redes sociales. Necesitamos cambiar la conversación de pobreza y caos, por una conversación de riqueza y armonía.

Si quieres, puedes ser parte de nuestra comunidad ArmoníaF en:
https://facebook/groups/armoniaf

O seguirnos en las redes sociales para interectuar con otros ricos en camino de la consciencia.
https://www.instagram.com/armoniafrevista/
https://www.facebook.com/armoniafrevista
https://www.linkedin.com/company/armoniafrevista/
https://twitter.com/armoniafrevista

Gracias por llegar hasta aquí y recuerda que, Dentro de Ti Hay Mucho Más

Joselyn Quintero

Brujas, Bélgica, 2020

ArmoníaF Revista

¿Te gustaría aprender cómo las personas dedicadas a la espiritualidad viven una relación armoniosa con lo material?

Desde el 2015 venimos aprendiendo de quienes sirven a manos llenas mientras viven con comodidad. Y por ello te ofrecemos mes a mes, no solo sus experiencias y consejos, sino también una serie de reflexiones que te ayuden a volver a tu centro, durante todo el año.

Suscríbete a nuestra revista ArmoníaF es una publicación on-line y gratuita, para quien desee ser parte de nuestra comunidad. Lo único que debes hacer es ir a https://www.armoniaf.com/revista para suscribirte, recibir la última edición gratis por email. Si lo deseas, recibirás las ediciones futuras e invitaciones gratuitas a eventos exclusivos.

Aprendiz en Armonía Financiera

¿Cómo algunas personas les cuesta avanzar con lo que tienen, mientras otras, con mucho vemos, viven como siempre soñaron?

La certificación internacional de Aprendiz en Armonía Financiera es un programa de 12 semanas donde profundizarás en las leyes de la riqueza consciente, una secuencia especialmente creada como un faro para guiarte desde la esencia de tu ser, hasta la expresión de tu alma en el mundo material.

Considerado como "el génesis del desarrollo personal", en este programa conocerás además las trampas más comunes que sabotean tus decisiones diarias, así como seguirás una serie de actividades personales con un material de profundización creado especialmente para acompañarte en el proceso de la riqueza consciente.

El Aprendiz en Armonía Financiera se ofrece no más de tres veces al año, así que si te interesa hacer esta formación, visita www.armoniaf.com/aprendiz o está pendiente en las redes para cuando salga la próxima certificación.

Máster en Armonía Financiera

¿Es posible que una persona pueda hacer una transformación a nivel mental, emocional y espiritual con su dinero, para to-da la vida?

Esto es lo que han logrado desde hace más de cinco años, los estudiantes que han formado parte del Máster en Armonía Financiera, un programa de acompañamiento de 24 semanas (6 meses) donde se profundiza y se comprende la programación personal en la relación con el dinero. Es la certificación Premium de Armonía Financiera, y sus resultados hablan por sí solo.

Ya sea que vienes desarrollando un comportamiento de auto-saboteo con el dinero durante años, sientes que haces mucho y nadie te valora o has tocado fondo con lo material, en el Máster en Armonía Financiera podrás hacer un cambio dura-dero.

MÁSTER EN
ARMONÍA FINANCIERA
CERTIFICACIÓN INTERNACIONAL ONLINE

El Máster en Armonía Financiera se ofrece una sola vez al año, es por entrevista calificadora y si te interesa ser parte de esta experiencia, escribe a tecuidamos@armoniaf.com para que incluyan en la lista de espera, que cada año cuenta con cientos de aspirantes.

ACERCA DE LA AUTORA

Joselyn Quintero es asesor y consultor financiero, especialista en neurofinanzas y creadora de Armonía Financiera, una filosofía que ayuda a las personas a alinear el dinero a nivel mental, emocional y espiritual, para tomar decisiones desde una identidad de riqueza consciente.